もしも、117歳まで生きることができたら

自分らしい生き方の選択

渡邉久美子
watanabe kumiko

幻冬舎 MC

もしも、
117歳まで生きることができたら

――自分らしい生き方の選択――

Live Your Own Life

はじめに

読者の皆さまへ、２点の質問です。

Q1

「人生１００年時代」と言われる現代、１００歳以上まで生きたいと思いますか？

ＹＥＳ　or　ＮＯ

Q2

ＹＥＳと答えた方は、もしも、あなたが１００歳以上生きることができたら、どんな人生を描きますか？

「人生100年時代」と言われる現代、これからの人生は長い。

現在、私は39歳。もしも、117歳まで生きることができたら、私はまだ自分の人生の1／3しか生きていないことになります。人生の1／3しか生きていないということは、まだまだ人としても未熟だし、知らないこともたくさんあるし、やりたいこともたくさんあります。残りの2／3の人生を元気に生き抜くためには、健康で幸せに生き続けることが大切だと思っています。それは簡単なようで、とても難しいことだと思います。心も体もいつまで健康でいられるか分からないし、とにかく家族や周りの人達には迷惑をかけずに死にたいと願うばかりです。

幸せを感じるために、日々をゆったり過ごして生きることも大切だと思いますが、新しいことにチャレンジすることで苦労したり苦戦したり、試行錯誤しながら生きる人生の時間も、幸せに生き続けるために必要だと感じています。なぜなら、チャレンジしてみなければ知ることが出来ない世界があるからです。

私は何歳になっても、『新しいことにチャレンジすることをやめない』と、いつも心の中で決めています。それは、私自身が元気に生き続けるために必要なエネルギーだと感じているからです。

私は30歳で結婚して、幸運にも息子達3人を授かりました。現在は、第4子の長女を妊娠しています。仕事をしながら夫と育児や家事を協力して、息子達の日々成長する姿を見ながら毎日幸せを感じて生活しています。育児は未経験のことがたくさん起こるので、その都度どのように対処すべきか夫婦で相談して決めながら進めています。息子達3人とも性格が異なるので、1人ひとりへの接し方も毎回異なります。育児は本当にチャレンジの連続です。でもチャレンジの後には、たくさんの幸せの瞬間があります。

もしも、117歳まで生きることができたら、可愛い我が子のひ孫まで見たいなと勝手に想像してワクワクしています。

117歳まで生きるためにも、今、すべきことは一番に体力づくり・健康づくりだと実感しています。日々の食事管理についても大切だと思っています。食べるモノに気を付けて、適切な頻度でストレッチや体を動かし、できるだけストレスの少ない生活をおくることが長生きの秘訣だと思っています。

先が見えない世の中だからこそ不安を感じる時もあります。不安を解消する方法は個々で異なるので、自分に合った方法は誰も教えてくれません。

以前は忙しい毎日の中で仕事や家事、育児の全てを頑張りすぎて気付けばボロボロになっていた時期もありました。どうしたら人として自由に、大好きな人達と後悔のない人生を生きることができるのだろうか？　毎日、自問自答していました。そして、私が39年間生きてきて見えたこと。

それは**自分を一番大切にすること**でした。

自分を大切にするということは、毎日の生活の中で10分でも30分でも自分と向き合う時間を確保して自分が幸せになる時間を持つことなのです。自分が幸せになることが、結果的に一番の不安解消への近道であり、自分が納得する人生を生きることができるのです。そして、それは家族や友人達を幸せにする一番の近道であるのだと気付きました。

自分を大切にするということは、自分らしい生き方を選択することです。それは意志のある時間の使い方を選択して、実際に決意したことを行動に移していくことなのです。

私は自分の人生を、自分で決めて生きて行くために常に意識していることが、次の5つあります。

・自分らしい生き方の選択をすると強く決意すること
・自分らしい生き方の選択をするための正しい時間の使い方を習慣付けて実行すること
・自分らしい生き方の選択をするために自由に使えるお金を自分で稼ぐこと

・自分らしい生き方の選択をするために心から信頼できるパートナーを大切にすること

・自分らしい生き方の選択をするために心身ともに健康であることに日々感謝して生きること

もしも、あなたが100歳以上生きることができたら、どんな人生を描きますか？

現在、仕事と私生活の両立で毎日奮闘している方や、今は独身でこれから就職、転職を考えている方、これから結婚、出産、育児を予定している方、この本を手に取って下さった全ての読者の方の今後の人生に、この本が少しでもお役に立てることがあれば本当に嬉しい限りです。

渡邊久美子

目次

はじめに　3

Part 1 ● 人生・自由・時間……15
人生について　16
自由について　18
時間は選択　20
〝NO〟は自分が決める　22
リスクをとって生きる選択をする勇気　24
想像力を活かして創造的なことに時間をたくさん使いましょう　27

Part 2 ● 自分・仕事・お金……31
自分について　32
人と比べず、自分に集中することが大切　37
携帯の中には自分の人生はなく、他人の人生しかない　39

自分の一番のファンは、自分　41
自分の力と知恵で生きること　43
20代でほとんど決まる
（20代で人生計画、仕事、結婚、貯蓄計画を立てましょう）　44
仕事と新しいことへのチャレンジ　48
問題や課題の多い仕事への対処法　52
休むことの大切さ、睡眠時間を削らない勇気　55
仕事と出産　58
セカ活への準備は今から　62
お金と人生　63
人生を豊かにするための本当の投資とは　67

Part 3 ● 私生活 …… 71

女・妻・母・娘のあり方に正解像はない　72
親友　78
家事分担の本音　80

衣・食・住の選択　82
からだ想いのお食事を　84
自律神経には薬漬けになるより、運動療法にトライした方がよい　85
日常でエネルギーを得る基になるモノを知る　87
ミニマリスト　90
トイレと玄関だけは、毎日綺麗に掃除して清潔に　94

Part 4 恋愛・結婚・出産・子育て

Part 4 恋愛・結婚・出産・子育て……97
恋愛・結婚・出産　98
子供を産むこと・産まない選択　106
新しい時代の中で、これからの子育て　109
子供の人生は、子供のモノ　112
失敗は〝恥〟の文化をやめましょう　115
夫や子供達とのスキンシップの大切さ　118
家族間でも『ありがとう』、『ごめんなさい』を丁寧に伝えること　120
子供達の朝のルーティーンで大切なこと　121

子供達の夕方～夜のルーティーンで大切なこと 123
笑い・遊び心 124

Part 5 教 育 …… 127

〝勉強しなさい〟の言葉がけは不要 128
子供が何かできた時は、事実を褒めるだけでよい 130
習い事は、本人のやりたいことだけサポートする 132
日本の教育に不安がある、これは正直な気持ち 134
家族ブックライブラリーを作ろう 136
家庭菜園をしよう 137

Part 6 世界と日本 …… 139

世界一周する前に、ぜひ日本一周を 140
世界の女性・日本の女性 142
真のグローバル人材とは 145

Part 7 幸せ・豊かさ・老い …… 147
本当の幸せ、豊かさってなんだろう? 148
人が老いること 150
老い知らず 153
Part 8 未来 …… 157
どの時代に生きたとしても、リスクを恐れない選択をする 158
『いつ、なんどき死んでもえぇ』尊敬する祖母の言葉 160
100年時代の人生。自分で決める生き方とは 163
117歳のお誕生日 170
2100年(22世紀)の今日 173
おわりに 175

Part 1

人生・自由・時間

人生について

私は自分の生きたい人生を今まで生きてきました。

生きたい人生を生きてきたのは、何か特別なことをしてきたからではなく、ただ自分を大切にしながら生きたいと思い生きてきました。

どんな方法でも良かったのですが、私の場合は自分に合った方法で自分を大切にする習慣の一つとして、18歳の時から『自分らしい生き方の選択 — Live My Own Life 夢ノート』と呼んでいるノートを作成して、理想のタイムラインで自ら望む人生計画を書きだして、日々読み返し実行することで望みを叶えてきました。ノートに書けば本当に願いは叶うと信じていました。書くことは魔法の力であると思っていました。

望みの内容はできるだけ具体的に書くように心掛けていました。例えば、

・仕事やキャリア計画（いつまでに、どの会社で何をしていたい。いくら稼ぎたいかを書く）
・恋愛・結婚・出産計画（結婚したいタイミングや子供を何人授かりたくて、いつ産みたいかを書く）
・貯蓄計画（何年後までにいくら稼いで、貯蓄額をどれくらい目指したいかを書く）

夢ノートに願いを書くことは、今も毎年続けており、次の5つの項目を軸に内容を更新して、自分の望みを書き、計画通り夢や願いを叶え続けています。

・仕事
・私生活（家族計画）
・趣味
・貯蓄計画

・体力作り・健康について

自分らしい生き方の選択をするために、夢や目標をノートに書きだして日々読み返し実行に移すことで自分の願いをどんどん叶えていきましょう。

自由について

私はいつも自由でいたいと強く思っています。なぜなら後悔のない人生を生きたいからです。

私にとっての本当の自由とは死を意識することによって生まれました。もし明日死ぬと分かっていたら、もし後残り1カ月しか生きることができないと余命を宣告されたら、あなたはどのように残された人生の時間を選択しますか？
1日、1時間、1分がどれだけ貴重な時間であるかを実感することになるでしょう。
人生最後の時間は、大好きな人達に囲まれて生きたいと思うでしょう。
いつ死が訪れるか分からないからこそ毎日の自分に問いかけています。
日々の生活の中で、次のことを忘れないようにしています。

『今の人生、自分の選択に後悔はないかな？』
『やり残したことはないかな？』
『大好きな人達に大好きだと伝えているかな？』
『感謝している人達にきちんと丁寧にありがとうの気持ちを伝えているかな？』

自分らしい生き方の選択をするために、死を意識しながら毎日を自由に生きていきましょう。

時間は選択

自分の人生の時間は限られています。

私は常に限られた人生の時間を最大限に後悔なく生きたいと思っています。

自分らしい生き方の選択をするために一番大切なことは、自らの優先事項に合わせて時間の使い方を選択することです。

理想の24時間の生活を獲得するために、私が実践している時間の選択は次の通りです。

優先①　睡眠時間（**8時間**）
優先②　家族時間（**7時間**：6時～9時＆17時～21時）
優先③　仕事時間（**5時間**：9時～14時）
優先④　自分時間（**4時間**：本を書く、絵本作り、体力作り、自分の趣味時間）

『意志のある時間の使い方』を継続することは時には困難です。人生は色々あるから自分だけではコントロールできない家族のことや仕事のこと、様々な事情で自分の理想とする時間の過ごし方ができない日もあります。そんな時はできなかった自分を責めたりしないで、ひと呼吸して『明日は、自分の時間の使い方を見直そう』と決意すればよいのです。できなかったことより、今できること明日できることを決めて実行していきましょう。

優先④の自分時間は、人生を幸せに生きるために非常に大事な時間です。自分と向き合える自分のためだけに使える時間です。
毎日４時間確保できなくても、10分でも、20分でも1日の中で自分のための時間を確保することが大切です。

〝NO〟は自分が決める

皆さんは仕事や私生活の中で〝NO〟と言う勇気はありますか？

私は以前〝NO〟と言うことが本当に苦手でした。仕事が急に忙しくなってくると、私が上手く周りの人に〝NO〟と言えていない証拠です。なぜ自分の本当の気持ちが分かっているのに〝NO〟と言うことができないのでしょうか？　周りの人に嫌われたくないから？　いえ、実は怠けているだけです。全ての周りの人に対して良い子ちゃんになる必要はなく、仕事の本質を見て本当に今やるべきことなのか、そうでないかを適正に判断してこの仕事はやりません＝〝NO〟と言うのです。

〝NO〟と仕事で言えたら、仕事への時間に区切りをつけて、自分が得たい幸せのために時間を使いましょう。

私の場合は次の４つが〝ＮＯ〟と言う行為と交換に得ることができます。

・夫婦がゆっくり過ごす時間と会話をする時間が増える
・子供達とゆっくり向き合って過ごす時間が増える
・体力作りの時間が増える
・自分の趣味に使える時間が増える

周りにサボっていると思われても、この４つを手に入れるためには、必要な時は〝ＮＯ〟と勇気を出して相手に丁寧に伝えます。

自分と自分の家族・健康・幸せが何よりも一番大切です。

いつもYESではなく、NOだと思ったらまずは相手に〝NO〟と伝えましょう。

リスクをとって生きる選択をする勇気

自分らしい生き方の選択をするということは、リスクを極力とらない人生の選択をすることもできるし、その逆でリスクをとって生きる選択をすることもできます。私の場合は人生において重要な選択をする時は、１００％リスクなしの方を選択するのではなく、必ず50％くらいは未知なるリスクと隣り合わせになる方をあえて選択します。

例えば、赤の他人と結婚する行為自体も未知なるリスクと隣り合わせの人生選択だと思います。私の場合は一目惚れした当時の主人と付き合って3カ月しない間に結婚することを2人で決めました。彼は当時20代前半でまだ社会経験も浅く、貯金もたくさんあったわけではありません。

ただ自分のその時の直観を信じてこの人と結婚することを決めました。彼とならどんな時でも協力してなんとか生きていけるはずだと思いました。

若さもあったかも知れませんが、世の女性が求める結婚する条件、高収入・社会経験が豊富などはまったく考慮していませんでした。出会った時はお互いに恋は盲目状態だったので、相手の良いところ悪いところの本質については結婚してから初めて知ることばかりでした。今年で結婚生活10年目になりますが、お陰様で今も変わらず主人とは仲良く過ごしています。

妊娠・出産も同じで未知なるリスクが存在する人生選択だと思っています。妊娠するかも分からない、妊娠しても元気な子供が生まれてくる保証もない。出産は3回経験していますが、どのお産もリスクといつも隣り合わせです。母子ともに健康であることは、本当に奇跡だと思っています。

転職も同じで未知なるリスクが存在する人生選択だと思っています。絶対に成功すると最初から決まっている転職先はなく、自分と会社の相性が良くて活躍できるかは入社して勤務し始めてみないと分かりません。私は今まで4回転職してキャリアアップを図ってきました。実際にキャリアアップとなる転職かどうかは、チャレンジしてみないと分からないと思っていました。

現職に就いた時は未経験の業界への転職だったので両親や友人は心配していました。さらにその当時は三男を妊娠中だったので、妊娠時期に転職する私の神経に周りは驚いていました。現職に興味を持った理由はワクワク、ドキドキするプロジェクトに関わることができるからでした。それだけが唯一魅力で転職を決めました。もしこの先、今の会社が倒産しても新たなご縁のある転職先がきっとみつかるから大丈夫だと楽観的に考えています。

リスクをとって生きる選択をする勇気が、いつも私を新たなチャレンジと幸せへ導いてくれます。

想像力を活かして創造的なことに時間をたくさん使いましょう

私は意識して人生の時間の中で創造的なことにたくさん時間を使うようにしています。なぜなら人生に豊かさをもたらしてくれるからです。

想像力を活かして創造的なことに時間を使っている時は、自分の人生の中で価値のある大切なことを実践できている時です。

例えば、私の場合は本を書くことや絵本作りをする時間です。物語の内容をゼロから考えて伝えたいメッセージを創り上げて行く過程はとても楽しく有意義な時間です。読み手を考えて書くことも大切ですが、最も重要なことは自分のために書くことです。新たに生み出した言葉や表現に自分自身が触れたり感動したり、そこからの発見を通じて自らの心を豊かにしていきます。そこには正解はなく自らの人生で得た経験や刺激を自分の中で分析して、想像力を活かして考え、クリエイティブな発想で新たなモノ、カタチ、メッセージとして具現化していきます。納得いく何かができあがるまでにはエネルギーもいるし時間もかかります。ただ、自分の想像力を具現化することでしか見られない世界があるからこそ価値があり、とてもワクワクするのです。

具現化する過程では自分の忍耐力と集中力の限界を知ることもできます。

自分の人生を豊かにしたいから、創造的なことに時間を使うことをこれからも止めたくないと思っています。１００歳を超えても１１７歳を超えても継続したいと思っています。

人は日常生活の中で想像力を活かして、色々な創造的なことに時間を使っています。それぞれがとても魅力的です。

・折り紙を折ること　・絵を描くこと　・刺繡すること　・俳句を読む・作ること

・お手紙を書くこと　・料理で新しいレシピを考えてトライしてみること
・音楽を創ること

仕事では例えばこんな事例があるかも知れません。
・新規ビジネスプランを自ら考えてプレゼンし、社内や外部を説得して実行する
・仕事のルーティーンを見直して改善案をチームに提案し、合意した上で実践に導く
・新規顧客の開発に向けて、自身のクリエイティブな方法で営業の実績向上を図る

想像力を活かして創造的なことに時間をたくさん使うことは、未来への一歩となる新たな何かに気付かせてくれるチャンスをもたらしてくれます。

そんな豊かな時間の使い方を、これからも私は選択したいと思います。

Part 2

自分・仕事・お金

自分について

私は大阪で生まれました。住所は大阪ですが実際は奈良県と近い場所で周りはたくさんの山や森、田んぼに囲まれた田舎で育ちました。

小学校は1学年1クラス。私のクラスは男女合わせて15人しかいない小さなクラスでした。そして同じクラスメイト15人が小学1年生～中学3年生までの9年間を共に過ごしました。小さな村育ちで毎日片道45分かけて歩いて小学校まで通っていました。

登下校の時間が楽しくて田舎道には蛇がいたりウサギやイタチがいたり亀がいたり、いつも何かの動物が周りにいました。

登下校の道はミカン畑、ブドウ畑、キウイ畑などたくさんの果物畑に囲まれていて一本道（行きは急な下り坂、帰りは急な上り坂道）は子供心にしんどいけれど楽しい登下校の時間でした。45分かけて小学1年生の足でゆたゆたと歩いて毎日登校していました。

春、夏、秋、冬の季節の変わり目を生活の中で体感できることに当時は当たり前のことなので何も感じていませんでしたが、大人になって実家に久しぶりに帰省すると、この場所の特別な部分、自然と一体となって生活して生きていることに毎回感動しています。

私の両親は変わらず同じ場所で今も生活しています。今年で築１４０年ほどたつ我が家は古くてガタがきている部分もたくさんありますが、両親にとっては特別な場所です。空気が綺麗な場所で家庭菜園をしながらのんびりと生活しています。

自然と近くで生きることは人間にとって多くの豊かさをもたらしてくれます。それはとても贅沢な時間です。とても狭い世界のようですが、私にとっては最高のふるさとです。

私は高校卒業後にカナダのトロントという場所で3年半の長期留学を経験しました。そこでは語学とインテリアデザインを専攻して学びました。

長期留学を終えて日本に帰国した後の20代前半からは外資系五つ星ホテルの新設プロジェクトに数案件関わり、世界一流のデザイナーや建築家の方々と一緒にお仕事をする機会に恵まれました。

20代はわけが分からない中でも必死に仕事に取り組み、毎日が仕事中心の生活をおくっていました。朝から晩まで本当によく働きました。英語力を活かしながら国内海外の両方で仕事を経験しました。私は一流のデザイナーでもなく建築家でもないので特別な能力はありません。ただ、他の人より得意だったことは、人とすぐに仲良くなる力やコミュニケーション力が高いことでした。人と話すことが本当に大好きでした。

そして20代で一番恵まれていたことは、今も友人としてお付き合いさせて頂いている元上司で友人でもある女性との出会いでした。彼女は私の人生で初めての上司でした。仕事を通じて20代の私と本気で向き合って鍛えてくれた人でもあり、人生の恩師として心から尊敬し感謝しています。彼女はいつも穏やかで聞き上手でチャーミングなところもあり、私の永遠の憧れの女性です。

20代後半で今の主人と出会い一目惚れで恋に落ち結婚しました。その後3人の息子達を授かり、息子達は現在8歳5歳2歳になります。

20代・30代を生き抜いて40代を前にして改めて思うことがあります。それは、今に感謝する気持ちを日々忘れないことが大切だということです。

・この世に自分として生まれてきたことに感謝する気持ち
・健康に生んでくれた両親に心から感謝する気持ち
・大好きな人に出会い恋に落ちた奇跡に感謝する気持ち
・息子達3人を授かり無事に出産できたことに感謝する気持ち
・自分の家族ができて今を一緒に生きていることに感謝する気持ち

そして、今も昔も変わらない私の人生のテーマがあります。

次の5つの人生テーマを基準に、これからも楽しく自分の人生を描いていきたいと思っています。

・ワクワクすることをしたい
・皆と楽しめる夢があることをしたい
・いつも前向きに笑顔で生きていたい
・新しいことにチャレンジすることをやめない
・過去未来ではなく今の瞬間を精一杯生きたい

忙しい毎日の生活の中で、ふとした瞬間にこの5つのテーマについて思い出し、自分らしい生き方の選択をするように心掛けています。

人と比べず、自分に集中することが大切

人と比べないことは実は難しいことです。無意識に人は他人と比較して羨ましい気持ちになる生き物です。時には他人と比較しすぎて自分はダメな人間だと感じる時もあります。でもそれは、もったいない自分の人生の使い方だと思っています。

人は人。自分は自分。とてもシンプルだけど意識しないと自然に流されてしまう世の中でもあります。

自分と向き合い自分に集中して生きて行くためには、何もしない一人でのんびりと過ごす時間を確保することが大切です。誰にも邪魔されなくて静かに自分と向き合い、今、この瞬間に自分が生きていることだけに集中するのです。

ただ息をして、心臓がドクドク動いていて元気で心身ともに健康であることを心で感じるのです。そして心からそのことに感謝するのです。そうすると、他人と比較していることがどれだけ無意味でもったいない時間であるかに気付くと思います。

自分ができること、自分のベストをつくすことは本当に美しいことだと思います。その人なりのベストは、必ず誰かを幸せな気持ちにしてくれます。人と比べず、自分に集中することが、自分に生まれてきた自分にできる一番贅沢な行為だと思っています。

携帯の中には自分の人生はなく、他人の人生しかない

私達が日々見ているＳＮＳなどは、世界中の人達がそれぞれの生活の幸せのある瞬間を写真や動画で共有しているだけであり、実は写真や動画に映し出されていない部分に人間の本当のリアルな生活が存在していると思っています。

もちろん写真や動画を発信することも、それを見ることも個人の自由ですが、もし、ＳＮＳなどのつくられた世界を若い人達が１００％信じ込んでしまい、自分と比較して自己否定し自己肯定感の低下に少しでも影響しているとしたら、それはとても残念で悲しい現実です。

私はメディアに関わるコンテンツを見る時は、30％くらいしか信用せず本当の真実は世には出てこないのだと思っています。仲良し家族の写真のリアルは険悪な家族関

係で成り立っている家庭かも知れない。ラブラブなカップルの写真のリアルは、実は写真を投稿した後すぐに2人は大ゲンカしているかも知れない。ゴージャスな自宅の写真のリアルは、借金だらけの持ち主の自宅かも知れない。人生の本質はSNS上には決して投稿されない個人の毎日の生活習慣や周りには公表しないとても個人的でプライベートな部分だと思っています。

携帯の中には自分の人生はなく、他人の人生しか存在しません。他人の生活や他人の所有物を見て羨む時間は人生において非常にもったいない時間だと思っています。ぜひ、皆さんそれぞれの自分の価値を信じて、メディアへのアクセスはほどほどにして、自分のための時間を確保して、自分に集中することで楽しみや自分なりの価値を見出して楽しんでほしいです。

自分の一番のファンは、自分

自分のファンクラブの応援団長または会長は、どんな時でも『自分』だと思っています。こんな風に感じることができるのは、自己肯定感が高い人の場合だけだと感じる人もいるかと思います。実はそうではないと思っています。私自身も含めて世の中の多くの人は、必ず自分のことで好きになれない部分が一つはあると思っています。

それはとても自然なことです。

コンプレックスを持っていることは、自分をよく知っている証です。私自身は10個以上もあります。ただ、コンプレックスや自分を好きになれない部分があっても、自分の全てを嫌いにならないでください。他の部分で自分の好きなところを、たった一つでもよいので見つけてみましょう。

そして自分のその部分のファンになってください。ぜひともファンクラブ会員の会長になってください。たった一つの自分のよい部分の一番のファンは『自分』であってください。

親や他人からあなたのこんなところが大好きよ、もしくは、すごいねと言われたことがない人はなかなか自分の好きなところを探し出せないかもしれません。でもよいところがゼロの人間なんていないと思います。皆、必ずその人オリジナルの素敵な要素が何かあるはずです。

たった一つでもよいですし、10個以上あってもよい、１００個以上あってもよいのです。どんな部分でもよいので、自分の一番のファンは自分であることが大切です。

自分で決める生き方を実践する上で、とても大切なことだと確信しています。

自分の力と知恵で生きること

誰とも比較せずに、自分らしく、自分の力で知恵を使って自らの人生を切り開いていきましょう。もちろん簡単なことではありません。私自身も毎日自分に問いかけ、向き合う時間をとりながら、日々試行錯誤しながら生きています。何が正解で、何が間違いかは、やはり自分しか分からないのです。だからこそ、周りのあらゆる雑音から離れて、短時間でも自分だけに集中する一人の時間を持つことがとても大切です。

私の場合は、夢ノートや自分がインスパイアされる本や記事の切り抜きなどを自分の周りに置いて、好きな音楽を聴きながら自分の世界に入っていきます。自らの創造的な力を信じて、想像力を活かし知恵も活かしながら、好きなことをする時間を持ち続けています。

そこから生まれてくるモノ・コトだけが、タイムレス（時代に関係なく）に好きでいられる何かなのです。

20代でほとんど決まる（20代で人生計画、仕事、結婚、貯蓄計画を立てましょう）

20代はまだ自分の中で何も確立されていなくて、キャリアの経験も浅く自信が持てない時期です。たくさん遊んで飲んでパーティーすることに集中していて毎日遊びに忙しい人もいるかも知れません。

ただ、そんな20代の時期が今後の人生を決めていく上で非常に大切な時期であることを伝えたいと思います。

私自身が40代を前にこんな風に感じています。20代をどのように過ごすかで、その先の30代、40代以降の人生の心の持ちよう、生活、自由度、遊び方にも大きく影響してくると思っています。

私は自らの経験から人生のステップは次のように決まっていくのではと感じています。

0歳〜1歳：個性が見えてくる
1歳〜6歳：人格が決まる
7歳〜12歳：得意分野が明確になってくる
12歳〜20歳：思春期でとても大切な時期。自分について生きることについて深く向き合う時期
20歳〜30歳：**人生計画、仕事、結婚、貯蓄計画を立て実行を始める時期**
30歳〜40歳：20代で積み重ねた経験で、30代の人生・生活が決まる
40歳〜以降：自由に遊び心いっぱい飛び立つ時期

将来の仕事やキャリアについて、恋愛・結婚・貯蓄計画についてなど、20代の時に自分の人生をどう生きたいか、真剣に自分と向き合い考える時間を持つか、それとも持たないかでその人のその後の人生が大きく変わると思っています。正解は自分しか分からないのです。自問自答して悩む時間は苦しいかも知れませんが、それでも毎日、毎月、毎年、少しずつでよいので、成し遂げたいモノを得るために、人生の限られた20代という貴重な時期にたくさん自分で考えて行動に移して過ごしていくことが大切です。

20代の時に人生をどう生きたいかについて考えることは、どんな方法でもよいと思っています。私の場合は夢ノートを活用して毎年自分の目標や夢を更新して書き出すことで、自分の人生に欲張って生きてきました。

20代の時間はあっという間に過ぎたというよりも、濃厚な時間でした。留学体験、東京で就職して五つ星ホテルの立ち上げに数案件関わり、ネパールでの生活、今の旦那さんとの出会い・結婚。

いつ、何を成し遂げたくて、なぜ、今それを成し遂げたいのか。それを日々、自問自答して生きた20代でした。

ここで書いたように、20代はとても貴重な人生の時期ですが、ただ、もう一つある事実としては、人は年齢に関係なく自分の気持ち次第で良くも悪くもなる常に変化できる生き物なのです。

20代の人生を思うように過ごせなかった人も、今の自分の人生に納得がいっていなくていつか変わりたいと思っている人も、自分の気持ちと取り組み方次第で、望む方向に人生を立て直すことは年齢に関係なく本来はいつから始めても遅くはないのです。

仕事と新しいことへのチャレンジ

私は外資系不動産開発の事業者（オーナー）の立場で国内の大規模開発建設プロジェクトのディレクターとして働いています。

プロジェクトが数年後予定通り竣工するまで多くの設計関係者や工事関係者と打ち合わせを重ねてより良い建物が完成するために、そして開業後にその場所に訪れる世界中の訪問者達にワクワクと喜び、素敵な体験を提供するために、事業者の立場から日々のプロジェクトの進捗をモニタリングしています。

とても魅力的でワクワクするプロジェクトなので毎日飽きることはありません。仕事を通じて実務的なこと以外にもたくさん学ぶ機会があります。

学んだこととは、例えば次の6つのポイントがあります。

・どれだけ仕事ができても全てを完璧にこなせる人間が存在しないこと
・仕事を上手く推進するためにはチームやパートナー会社との密なコミュニケーションが重要であること
・餅は餅屋であること、大事な仕事こそプロに任せる必要性があること
・焦って大事なことを決定するよりは落ち着いてじっくりと時間をかけて考えて決定することが大切であること
・仕事を楽しく継続するためにはチームや上司と尊重し合える関係性作りが重要であること
・チームを信頼して任せることの大切さを知り、全てを自らがコントロールする必要性がないこと

これらは、当たり前のことのように思われる方もいらっしゃると思いますが、人間は本当に弱い生き物なので仕事を進めていく中で余裕がなくなると一人で勝手な行動

をとったりすることがあります。それは実務レベルの人間に限ったことではなく、マネジメント層の人間にもよく見られる傾向なのです。

私の仕事関係者の中にはプロジェクトにとって何がベストな選択なのかを議論するのではなく、自分の立場を優先した場合に何がベストな選択なのかを考えて勝手に判断し行動した人がいます。そうすると結果的に周りの関係者からは理解を得ることができず信用を失います。それは非常に残念なことです。

これらのことは、当たり前のことではなく私にとっては仕事をする上で常に意識して注意していることです。

これら6つのポイントは夫婦関係、友人関係でも大いに通じる部分があり、仕事で学んだことは毎日の私生活の中でも活かされています。

さて、最近は本業の仕事プラス新たな別の分野でもチャレンジしたいという意欲がでてきました。40代を前にして自分の新たな可能性を試すベストなタイミングを検討しています。その新たな可能性へのチャレンジとは、今まで20代、30代で経験してきたことを活かして、そこに自分らしさを取り入れたオリジナルの色をだせる新規事業展開を計画しています。

今からとてもワクワクしています。

問題や課題の多い仕事への対処法

仕事とは多くの場合に何かしらの制限やチャレンジがある中で進めていかなくてはなりません。例えば限られた予算や終わらせなければいけない期限・納期があり求められる品質などがあります。

色々と決まりや制限がある中でさらに問題や課題がプラスで発生した場合は、皆さんはどのように対処されていますか？

例えば、私が関わっているプロジェクトでは予算・納期・品質どれも全てが最優先事項とみなして妥協できず、事業者が物事をなかなか決めきれず承認が長期間遅延したことがありました。全て（予算・納期・品質）を１００％求め続けようとすると、問題や課題が発生した時に関係者との議論が平行線になりなかなか解決に導くことができませんでした。

そんな時は何が本当に〝譲れない〟優先事項なのかを明確にすることが解決案の一つだと思っています。**本当に〝譲れない〟優先事項を決めること**で、次なるステップの対処法や解決策が見えてくることがあります。

・予算が優先であれば、品質を多少妥協して納期を延ばし調整するしかない
・納期が優先であれば、予算（お金）を増やして納期に間に合わせるように調整するしかない
・品質が優先であれば、予算（お金）を増やして納期をのばしてでも、良いモノ作りをすることに力を入れればよい

もう一つ、問題や課題の多い仕事へのその他の対処法として考えられることは、問題の**真因が何であるかをできるだけ早い段階で見極めること**です。色々な問題が複数同時に発生すると冷静に現状を把握できなくなり問題の根本的な原因が何であるかを

見失ってしまいがちです。時には落ち着いて時間をかけて客観的に問題の現状と向き合うことで真因が何なのかをシンプルに見極めることができます。その上で的確な解決策を見出し、解決策が決まれば迅速にそれを実行に移していくことが大切だと思っています。

あとは問題が大きければ大きい程、**1人で抱え込まず必ず上司や同僚にも問題の状況を共有しましょう。**早く共有することで事前に問題を防ぐことができるケースは多いと思います。自分1人がプレッシャーを感じて責任を取らなければならないと感じる必要はないのです。

休むことの大切さ、睡眠時間を削らない勇気

皆さんは、仕事でしんどいことや辛いことをこらえて頑張りすぎていませんか？

どれだけ仕事が忙しくても上手に休む時間を確保することが大切です。人として優しい心を保ち続けるためにも、快適な休みや質のよい睡眠時間は必要です。ずっと緊張感の中で多忙に働いていると脳が知らないうちにストレスを感じて脳の機能が低下していきます。若い時でも十分に睡眠時間を確保して質のよい睡眠をとることで日中は心身ともに元気で活発に動き続けることができます。ストレス対策としても休むこと、質のよい睡眠をとることは大切です。

私自身20代・30代前半の時期はこの仕事はきっと私にしかできないから休まず睡眠時間を削ってでも頑張るしかないと勝手に思い込み、日々がむしゃらに働いていまし

た。今ここで私が仕事から抜けたらチームの皆に迷惑をかけてしまう。さらに周りの人から責任感がない人だと思われたくないから休まずに頑張るしかないと様々な感情がどよめき、自分の心・身体がＳＯＳを出していることに気付けず過労で倒れる一歩手前まで働いてしまったことがありました。

その後は数週間の休暇をもらい、自分の心と体に『ごめんなさい』して反省の気持ちでいっぱいでした。仕事で忙しいのは上司やチームに頼られている証拠だから期待に応えて頑張らなければと思うことはよいのですが、適度に休まず、十分な睡眠時間も確保できない状態で働き続けて自己犠牲する必要はないのです。

働くために生きるのではなく、生きるために働けるようになってからここ数年は週末や長期休暇の時は会社ＰＣからも会社携帯からも完全にサヨナラして、家族や子供達とのんびりと楽しく過ごすことに集中しています。

自分の趣味や好きなことにも今まで以上に時間を使うようになりました。人を高めるのは頑張り続ける苦悩続きの生活ではなく、回復する休みの時間であることに気付きました。

仕事へのオンとオフ、集中する時としない時の切り替えを上手にすることで脳を十分休めて、自分の心と身体のＳＯＳのサインにいつでも気付ける状態にしていくことが大切です。

休むこと・睡眠時間を削らないことは、自分を大切にしている証です。それは自分らしい生き方を選択するために非常に重要であると確信しています。

仕事と出産

20代は働くために生きていました。30代半ばからは生きるために働くことができるようになりました。

私にとっての仕事とはどんな時でもどんな状況でもけっして辞めてはいけない、続けていく価値のあるモノなのです。なぜならば、仕事は私自身を常に鍛えてくれて高めてくれるからです。仕事は楽をして手を抜こうと思えばできるし、厳しく自分に課して質の良い仕事をしようと思ったらもちろん結果は異なります。上司に言われてからする仕事は仕事ではなく、自分で考えて調べて動くことが本当の社会人としての仕事だと思っています。

どうすればもっと良くなるのか、効率的なのか、合理的に仕事関係者に説明して理解を得ることができるのかを常に考え続け、実行に移すことが大切だと思っています。10年以上同じ業界で働いてもまだまだ知らないことだらけ、分からないことだらけです。

自分の気持ちと取り組み次第で年齢に関係なく視野を広げることは可能だし、新しい知識やスキルアップを図ることも可能だと思っています。

私は30代で3回の妊娠と出産を経験しています。私の場合は幸運にも妊娠中も産後も母子共に健康だったこともあり、働くエンジンを緩めることなくフルタイムで働き続けることができました。

産後の職場復帰も毎回世間の一般の妊婦さんと比べて早かったように思います。長男の時は産後6カ月で職場復帰し、次男の時は産後3カ月で復帰しました。三男の時は産後57日で復帰しました。

誤解がないように明記すると、もちろん出産後に長期の産休をとって育児に集中することも素晴らしい時間の選択だと思っています。産後それぞれの妊婦さんが自分の体調と赤ちゃんの健康状態を最優先に考えて無理なく自分が納得いく産休・育休時間の選択をするべきだと思っています。

今思えば遠い昔のことですが、長男が3歳で次男を妊娠している時、私は自分でゼロから開発営業して勝ち取った外資系ホテルの設計業務の案件を無我夢中でやり切るために臨月ギリギリまで毎日がむしゃらに働いていました。今思えば勝手に責任を感じて自分しかこの仕事はやり切れないと思い込んでいました。自分が妊婦であることを忘れるくらい一心不乱で働いていました。その時は女性であり妻であり、子持ちであり妊婦であり、もうすぐ赤ちゃんが産まれてくるというのに、でも仕事への力を緩めることができなかった私でした。本当に困った私でした。勝手に一人で空回りして結果的に自分をダメな母親だと思い込んで自信をなくしてよく泣いていました。

三男を出産した時期は新型コロナウイルスが国内で感染拡大し始めた頃で仕事を在

宅勤務に切り替えて対応していました。慣れない電話会議中もカメラは必ずＯＦＦのままでした。なぜならば三男を授乳しながら会議に参加していることが多かったからです（笑）。授乳しながらも仕事は止めず毎日働き続けました。

私にとっての仕事を続ける理由とは、結婚した後も妊娠した後も、出産した後も変わらない価値があり、毎回産前産後の時間の使い方を試行錯誤しながらも、社会と繋がり続けながら自らの最大限の可能性に日々チャレンジし続けることなのだと感じています。

セカ活への準備は今から

私が常に意識していることは、妻、母である前に一人の女性であることを忘れないことです。自分のキャリア、好きな仕事は可能な限り老いても情熱を持って続けたいと思っています。一人の女性として自分の限界に常にチャレンジし続けたいと思っています。

自分のキャリア、好きな仕事、そして趣味（私の場合は本を書くことや絵本作り）をしっかり持ち続けたいのは、子育てが一段落した時に心にポッカリと穴ができて何もする気にならないためでもあります。

私の場合は、セカ活（セカンドライフ・キャリア活動）への準備開始は今のタイミングだと思っています。今のタイミングとは、第4子を妊娠中の今、そしてあと数カ月後に出産を控えている今、このタイミングで本業の仕事と並行して自らが情熱を持って取り組める新規事業の準備を積極的に行っていく予定です。自分が楽しいと思えることやワクワクすることに、これからもたくさん時間を使っていきたいです。

お金と人生

私はお金が大好きです。

お金を増やすことも好きだし気持ちよく値段を見ないで好きな物を買うことも大好きです。お金を増やすことが好きだと言っても我が家は株式投資、不動産投資、世にあるあらゆる投資商品と呼ばれるモノには手を出しておらず運用経験はゼロです。

我が家は普通のサラリーマン共働き家庭です。

お金は銀行預金に預けてこつこつ貯めているだけです。

住宅を購入することについては世の中様々な価値観と意見がありますが、我が家の場合は住宅購入が〝負債〟という考えがあるため、生涯〝賃貸生活〟の予定です。

現在、我が家はローンもないし借金もありません。クレジット決済はほとんど活用せず現代社会の流れに反していますがいつも現金払いを心掛けています。とにかく後に払うことを避けてその時々で支払いを済ませています。負債やローンがなければ、何かを選択する時に手元にあるお金を自由に使うことができます。毎月のローンの返済に苦しむこともなければ、利子を支払うこともありません。

我が家は賃貸なのでもし収入が減れば身の丈にあった安めの賃貸マンションに自由に引っ越すことができます。

仕事で転勤が必要な場合や子供達の学校関係で移動が必要な場合も身軽にそして気軽に引っ越しができます。

我が家にとっては〝身軽に自由に生きる〟ことが一番大切であり、負債やローンを抱えていないことが私達夫婦にとって安全でいつでも好きに自由を選択できる基本条件になっています。

お給料やその他の収入はひたすら毎月銀行口座に貯まっていくだけです。

後は、日々の生活の中で衣・食・住・特別なイベント事にどれだけお金を使っているのかをざっくり把握するだけにしています。

我が家のケースでは数年後に純資産1億円を目指してこつこつ貯めています。1億円は人によっては少ないし他の人にとっては大きい額だと思います。これも人それぞれです。

お金は人生で多くのことを助けてくれますが、楽しく気持ちよく使わなければ本当にただの紙切れと同じだと思っています。気持ちよく稼いで気持ちよく使うことが大切です。これが我が家の方針です。

額の大きさを問わず納得のいくお金の使い方をすることが人生を豊かにしてくれると信じています。自分のため、旦那さんのため、子供達のため、大切な両親や友人のため、どんなことのためにでも気持ちよくお金を使えば良い循環でまた近い将来お金が入ってくる流れになっている気がします。

お金と人生はあまりにも近い関係です。お金の使い方・使い道のバランスが崩れた時、人生のバランスも崩れることがあります。〝身の丈にあった人生〟〝自分サイズの人生〟を知ることでそのリスクは回避され、自らが満足のいく人生をおくることができると思います。

気持ちよく生きるために気持ちよくお金を稼いで気持ちよくお金を使うことは、自分らしい生き方の選択をする上で私はとても大切なことだと思っています。

人生を豊かにするための本当の投資とは

皆さんの投資に対するイメージは何でしょうか？

例えば、

・お金の投資（不動産投資、株など）
・健康への投資（スポーツジムで体を動かして、汗をかいて、体力を強化する）
・自分の趣味への投資（好きなことに時間を使う）
・美容関連への投資

皆さんそれぞれの価値観を基に、その人にあった人生を豊かにするための投資があると思います。自分の人生で大切にしていることへ時間とお金をかけて投資することは幸せなことです。

私が10代後半のころは、語学習得への投資が最優先でした。いつか留学したい夢があったので、英語を習得するためにいつも時間を費やしていました。20代のころは、仕事でのスキルアップに関わることや自分の趣味への投資を最優先として自分の時間とお金を費やしていました。30代のころは少しお金に余裕ができたので、美容への投資や家族で楽しい時間を過ごすための旅行・様々な体験をすることへの時間とお金を費やしていきました。

人生が大きく変化する10代・20代・30代では、興味のあることが年を重ねていく中で変わっていくため、投資対象についても常に更新されていくものだと思っています。

最近の私は40代を前にして、健康への投資＝筋力・体力向上や食生活の改善などへの投資に意識が向いています。

色々な投資がある中で、私が自分の人生を豊かにするための投資として常に大切にしてきたのが人間関係への投資です。大切な家族や親族、仕事仲間や上司、大切な取引先など彼らとの人間関係を良い状態に保つために彼らとの時間を大切にしてきました。

大切にしている理由はとてもシンプルで彼らとの出会いに感謝しているからです。自分の人生の中で彼らに偶然出会えたことにいつも感謝しています。〝ありがとう〟の素直な気持ちを丁寧に伝えたいから、そんなやり取りやコミュニケーションが発生する時間はとても価値のある投資時間の選択だと思っています。

〝ありがとう〟がたくさんあると、良い思い出がお互いの脳裏に残り、少し月日が過ぎた後も繰り返し幸せな気持ちにさせてくれます。〝ありがとう〟と伝えれば、相手も〝ありがとう〟の気持ちをすぐにバックしたくなるから人間関係はどんどん良くなります。ぜひ、「ありがとう！」が言い合える良い人間関係づくりを広めましょう。
大人も子供も「ありがとう」の言葉でたくさん元気がでると信じています。

Part 3

私生活

女・妻・母・娘のあり方に正解像はない

女として

世の中には頑張ることが大好きな女性と頑張ることが嫌いな女性がいると思います。頑張ることが大好きな女性の中には、自分の嫌いなことも含めて無理して頑張る人と、自分の好きなこと以外はまったく興味がなく好きなことだけを頑張る人、様々なタイプの女性がいると思います。

私の場合は、若い頃は自分の嫌いなことでも無理して頑張る人でした。思い込みも強く嫌いを好きに変えて痛々しいくらい頑張っている時期もありました。

30代後半からはもう少し器用に生きることができるようになり、人の話も聞けるようになり、人に任せることを学び色々なことへのこだわりを捨て肩の力を抜いて流れに身を任せて生きることができるようになりました。そして気付くと、好きなことだけを頑張る女性に変わっていました。

私は今の自分の方が好きです。全ての女性はその人それぞれの美しいところが必ずあって、なかなか自分では気付けないので、若い頃は自分に自信が持てないことが多いけれど、他人に言われてハッと自分の良さに気付く時があります。

女のあり方・女の生き方・女性の美しさに正解像はないと思っています。

妻として

結婚してもうすぐ10年が経ちますが、主人とはたくさんケンカして言い合いもして、何度も話し合って仲直りする時もあれば、自然に仲良しに戻っていたりする時もあります。妻として本当はもっと可愛くいたいのに上手くできません。

夫婦とは、全てのことに対して合意しなくてもよいと思っています。もともと生まれ育った環境が違う2人が結婚したのだから、全て合意できなくて当たり前です。

私の親世代の時代は良き妻像が定着していました。夫を立てて、妻は家事育児を中心に家庭を守り家族の皆を支えてきました。仕事より家庭をとる妻が美しいとされ、あるべき妻像として定着して尊重されていました。

今の時代は、共働きが当たり前で、良き妻の正解像は多様化していると思っています。皆さんそれぞれ異なった正解のイメージがあるかもしれません。私はそれでよいと思っています。各家庭で妻が幸福と思える環境は異なるはずだから、正解がないことがとても自然だと思います。

母として

私自身は3人の息子達がいますが、彼らにとって私は面白くてドジな母親のイメージが定着しています。大変お恥ずかしいのですが、家庭内での笑いの種のきっかけは、日々の私の行動や言葉かけだったりすることも多くあります。

各家庭で母親としての正解像はないと思っています。

ただ確実に言えることが一つあります。

それはどんな母親であっても、子供達にとっては世界一最高の母であることです。母親自身が自分のことを好きになれなくても、子供達はお母さんのことが世界で一番大好きです。

乳児や幼児の時期はいつでも『ママがいい！　ママがいい！』と言って、パパを困らせたりもします（笑）。最近は、親の心、子知らずではなく、子供の心、親知らずの時代だと感じることがあります。

親もまだまだ未熟だから、いつも試行錯誤の子育てです。子供達はそんな親をよく見ていますから100%素敵なカッコいいママになりきらなくても大丈夫です。一番大切なこと、それは、ありのままのママ＝あなたでいてください。そのありのままのママが子供達は世界で一番大好きだからです。

私自身は、不器用な分、自分を無償で愛してくれる息子達に『ありがとう、愛しているよ』ときちんと伝えたくて、日常の中で子供達に『大好きよ』と伝えています。お布団に入って寝る前には、毎日必ず3人の名前を呼んで『大好きよ、おやすみ』と伝えています。それが、私の毎日の一日の最後の言葉です。

娘として

仲良しの母親へは、自分が話したい時だけ電話して仕事や子育てに関することを色々と相談して、いつも話をたくさん聞いてもらって自分の気持ちがスッキリして楽になったら、『また電話するね！』と勝手に電話を切ったりして、本当に自分は勝手な娘だなと思うことはよくあります。

離れていても、世界で一番尊敬している女性は自分の母です。

彼女は働きながら私達3人兄弟（兄・私・弟）を育てて、家事もほとんどすべて一人でやりくりして、父の両親の介護ケアもして、自分の趣味である刺繡や家庭菜園を楽しみながら、最近は英会話にもチャレンジするなど、エネルギーに満ちあふれたスーパーウーマンの女性です。世の中には娘と母親の関係は色々とありますが、私は彼女の娘として生まれてきて本当に幸せだなと思っています。母との関係がとても心地よいです。

読者の中に、女性として、妻として、母親として、娘として自分はダメで至らない人間だと自信を失っている方がいたら、ぜひ自分にあまりプレッシャーをかけ過ぎないようにしてください。完璧な人間がこの世に存在しないからこそ、女・妻・母・娘のあり方に正解像はないのです。

完璧な女性、完璧な妻、完璧なお母さん、完璧な娘じゃなくてよいのだと私はいつも自分に言い聞かせています。ぜひ、気持ちを楽にして生きていきましょう。

親友

私は今までたくさんの人と出会ってきましたが、親友と心から思えるのは数人だけです。彼女達との出会いは0歳~7歳の時でした。こんな幼児期に人生の親友に出会えて本当にラッキーだったと思っています。

今は彼女達は離れた場所に住んでいるため、なかなか会えないけれど、どれだけ離れていても心の友は友です。心の友とはいつも私の心にある人達です。

たくさん語らなくても、お互いのことを知ってきた仲だから、なんとなく彼女達の近況が分かるし感じることができます。たくさんメールのやり取りをしなくても、きっと今、大変な時かな? 今、絶好調だね! と感じることができます。

親友に出会えて私は本当にたくさんのハッピーと幸せをもらいました。いつも彼女達に心から感謝する気持ちを忘れません。そして誰よりも彼女達の幸せを願っています。同じ女性として生まれて、子供の時・思春期の時期にたくさん話して語り合いました。本当に楽しかった。今は、彼女達も私も大人の女性となり、それぞれが好きな場所で生活をして、それぞれの人生を歩んでいます。

彼女達の選択したこと全てを尊重するし、いつも遠くから応援しています。いつかお互いの子供達が成長して独り立ちした時に、また彼女達と会いたいし一緒に旅行に行って色々な話をしたいと思っています。

家事分担の本音

夫婦が共働きの場合は、理想は50：50の割合で家事分担をすることだと思いますが、それはなかなか現実的ではありません。奥様が家事が得意で、子供が小さい時は奥様の方が自宅にいることが多いため、奥様が１００：旦那様が０の割合もまだまだ多くみられるケースではあります。それぞれのご家庭で仕事の状況や家庭環境が異なりますので、各家庭でしっかりと話し合ってそれぞれに合った家事分担ができることが理想です。

我が家の場合は、私が30：夫が70くらいの割合で家事分担をしています。結婚して約10年間はずっとこんな感じの割合でやりくりしています。私は掃除が大好きなので、私のメインの家事は部屋の掃除です。夫は買い出し、料理、食器洗い、お風呂掃除やゴミ出しなど、その他のあらゆる家事を担当してくれています。家族の数が多いので洗濯物は毎日たくさん出ますが、気がつけば2人でせっせとたたんで各自の衣類収納ケースに入れていきますので、洗濯たたみの家事はすぐ終わります。我が家の方針は、家事分担は夫婦できちんと話し合ってお互いが気持ちよく得意で好きな家事を中心に選んで役割分担して取り組むことです。

家事は家族の皆が快適に過ごせるために必要なことなので、誰かが1人で嫌々感じながら続けているといつかストレスで爆発してしまいます。

数年前から長男と次男は、食事前の準備を積極的に手伝ってくれるようになりました。彼らのサポートは非常に助かります。もう少し大きくなったら子供達一人一人に任せる家事（お手伝い）を決めて、家族単位で家事の役割分担をしていく予定です。

家事の中でも一番大変である毎日の献立を考えて料理してくれている夫には改めて心から感謝しています。私や子供達がほとんど風邪をひくことなく元気で過ごしていられるのは、夫の毎日の手料理のおかげだと思っています。

衣・食・住の選択

皆さんにとっては、衣・食・住の選択のバランスや優先順位はいかがでしょうか？

衣・食・住の選択については、各家庭でお金を使う優先順位が異なると思います。

我が家の場合は、日々の衣・食にはあまりお金をかけません。衣類については、ブランド品などはまったく買いません。大型スーパーで季節の変わり目にまとめて家族一人一人の服を一式まとめて購入します。食事はほとんどが夫の手作りで自炊になります。週末の昼食だけ行きつけのレストランで外食するくらいです。

住については優先度がまったく異なります。私達は住居へはお金をかけるべきだと思っています。それは内装やインテリアにお金をかけているということではなく、住む場所の選択に対してお金をかけているということです。私達家族にとっては、通勤・通学、登園にかかる時間の削減が最も重要事項と考えており、駅近、保育園近辺、小学校近辺である最適な場所（マンション）を見つけて、高家賃を支払って住んでいます。

ここを重要と考えている理由は、一日の中で家族時間をより多く確保するためです。保育園への送迎は毎日のことだし、小学校の通学も毎日のことです。雨の日も近辺だと移動が楽だし、忘れ物をした時もすぐに自宅に戻ることができます。

今後も住居の選択については、家族の暮らしの変化や生活の必要性に応じて、自分達が納得する場所に移動していく予定です。

皆さんにとっては、衣・食・住の選択のバランスや優先順位は、どんなことを軸に決めているのでしょうか？

からだ想いのお食事を

忙しい日々にタンパク質（お肉・お魚など）と生野菜がしっかりと取れる優しいお食事を心がけています。今は1日3食ですが、これから年を重ねるにつれて、1日2食でもよいと思っています。たくさん食べる必要はなく、小食でもからだ想いのお食事を継続して取ることが大切だと感じています。

我が家は8年前くらいから玄米ご飯と豆味噌で作った味噌汁が定番です。あとは、焼魚、野菜炒め、唐揚げなど和食中心の食事です。我が家は料理は夫が主役ですが、子供達も一緒に皆で食卓の準備をします。夫はからだ想いのメニューをたくさん作ってくれるので、家族皆が一年中ほとんど風邪をひかず元気に過ごせています。

You are what you eat ＝ 食べるモノが、あなたを創る。

できるだけ季節の旬の食材を取り入れた食事を食べ続けることで、これからも変わらず元気で生きたいと思います。

自律神経には薬漬けになるより、運動療法にトライした方がよい

私の父は心の病（うつ病）にかかったことがあります。1度かかるとなかなか改善することは困難です。うつ病にかかった当初は大量の薬が処方され薬漬けになりました。筋力・体力・食力も並行して不安定になり弱っていきました。ある時、弟のアドバイスで父が薬を断ち、母と一緒に散歩したり軽く運動したりして体を動かす機会を増やしていきました。薬を断ち散歩を継続することで父のうつ病は驚くほどに改善に向かいました。薬漬けだった時にはできなくなっていたことも一人でできるようにな

りました。

ストレスが多い現代社会においては、若い人でも働き盛りの30代、40代でも心の病にかかることがあります。薬だけに頼るのではなく、ぜひ体を動かす運動療法にチャレンジしてみましょう。運動療法による改善は散歩することから始められます。

自宅でじっとしているよりは、自然いっぱいの外で美味しい空気を吸って、自分のペースでぼつぼつ歩いて散歩してみましょう。一人で散歩するのもよいですが、家族や友人の中で心が許せる人と一緒に散歩することをお勧めします。外に出て体を動かすことに抵抗がある方は、自宅でストレッチから始めてもよいと思います。

体を動かして体が喜べば、脳も自然に喜び自律神経の安定に貢献します。薬に頼りすぎることなく運動するというシンプルな習慣が心の安定を助けてくれます。

日常でエネルギーを得る基になるモノを知る

私は日常で自分がエネルギーを得る基になるモノを知ることは、とても大切だと思っています。人それぞれ何からエネルギーを得ることができるかは異なります。

素敵なファッションを日常の生活で毎日身にまとうことでエネルギーを得る人もいれば、素敵なインテリア空間をコーディネートすることでエネルギーを得る人もいれば、飼っているペットと毎日お散歩して過ごすことでエネルギーを得る人もいます。大切なことは、意識して自分はいったいどんなことから毎日エネルギーを得て、どんなモノや人に囲まれて生きていくことが幸せを感じるのかを具体的に知ることが大切です。

私の場合は〝花〟です。小さな一輪の花であっても、毎日絶やさず家のどこかの空間の中に飾っておきたいと思っています。少し大げさかもしれませんが、私は〝花〟

の存在から計りしれないエネルギーを毎日得て生活しています。花がそこにあるだけで元気になり、気持ちがとても癒されて安心するのです。花を選ぶ時も自分のその時の気分で、今日はどんな〝花〟にしようかなと考えて、その時の気分に合った花を選びます。それは、とてもワクワクして幸せな瞬間です。自宅に花を飾り写真を撮ることも大好きです。撮影した花は、アルバムに保管していきます。そして時々写真を見返しては、また繰り返し幸せな気持ちになるのです。

夫は結婚記念日やお誕生日には必ず花をプレゼントしてくれます。私の好きな黄色やオレンジ、白色のバラやガーベラなどを選んでくれます。夫の優しい思いとともに、花がたくさんの幸せを私に届けてくれます。

実は自宅のダイニングテーブルに花を飾ることに最初はとても勇気がいりました。我が家の子供達はまだまだわんぱくな時期なので、花を部屋に飾ることで花瓶が割れ危険かも知れないと思い花を飾ることを一時期は控えていたことがありました。花を飾ることを我慢していると、なんだか自分の中でモヤモヤが増えていき、結局私自身がストレスを抱えてしまいました。

今は、できるだけ子供達の手が届かない場所に飾るように工夫して、安全第一で生活と自分の好きな花が融合できるようにしています。

自分が心地よくエネルギーを得るモノが何であるか、正直に他人と共有できないモノであっても、それは自分のために具体的に知ることが大切だと思っています。自分がエネルギーを得るモノであれば、それは何でもよいのです。例えば、トイレの空間がエネルギーを得る場所で落ち着くからという理由でも大丈夫です。または、40代近い男性だけど、ふわふわのぬいぐるみに囲まれているのが安らぎでも大丈夫です。自分の中でエネルギーの循環ができるモノが発見できればよいのです。モノであっても空間であっても、何かをする行為でもよいのです。

皆さんも、自分は生きる上で、どんなモノ・コトから毎日エネルギーを得て生きているのか、生きていきたいのかを一度考えてみませんか？

ミニマリスト

我が家は現在家族５人ですが、モノがとても少ないです。マンションの限られた住空間の中でたくさんモノを持たないことを心がけています。人生の豊かさをどの部分で感じるかは人それぞれの価値観で異なりますが、私自身が39年間生きてきて分かったことは、物欲に正直に生きたところで、人間の心は１００％満たされないということです。モノをたくさん所有しても人は幸せになれないことを学びました。

ほしい物を買った瞬間は幸せに感じますが、その気持ちに持続性はなく、もっとほしい、もっとほしいという気持ちが増すだけでした。気がつけばモノに溢れた住空間になっていました。そして、なぜか虚しい気持ちになりました。皆さんは、このような経験はありますか？

私は結婚して息子達3人を授かった後は部屋は常に綺麗にしておきたくて、できる限りモノは少なく保有して、自分にストレスのない程度に毎日掃除し、モノが溢れないように散らからないように心掛けてきました。部屋がスッキリしていることは、親の私達にとっても子供達にとっても心地良い空間となり皆がゆったりと過ごせています。

モノを少なく保有していると全体の掃除の手間も減り、小まめに毎日掃除や部屋の手入れすることが苦労ではなくなります。子供部屋は子供達自身で片付けます。出したオモチャは、出した人が必ず片付けます。2歳の息子については、親のどちらかが一緒に片付けます。子供達が片付けを終えると、できたことをたくさん褒めるように心掛けています。

例えば、プラレールのオモチャを部屋中に広げて東京駅のように線路だらけして、夢中で電車ごっこ遊びをしていても、遊びの終わりには必ず決まったオモチャ箱に子供達自身が片付けをするようにしています。少し時間がかかっても、彼らが自分で片付けます。

既存のオモチャ箱が溢れた場合は、新しいオモチャ箱を買ってどんどんオモチャを増やしていくのではなく、今あるオモチャの中でさよならできるオモチャを子供達と相談して選びリサイクルショップに譲っています。大切なのは、決められたスペースに収まる分だけのオモチャを所有して、そのキャパを超えたら本当に必要なオモチャを自分達で確認して、不要なオモチャは新たな持ち主に譲っていくサイクルをつくることです。

洋服・靴・バッグも同じ考えです。たくさん所有せず、時々クローゼットの中を見てモノの入れ替えをしていきます。新しく購入しても、モノが溢れることがないように常に所有しているモノの量を調整していきます。モノをたくさん持たなくなると部屋が自然とスッキリして、新たな部屋の使い方や発見があります。

我が家の場合は、平日子供達は学校や保育園で元気いっぱいに過ごしており、自宅ではゆっくりと過ごしたいかなと最初は思っておりましたが、いやいや、そんなことはまったくなく、男の子のエネルギーは無限大です。常に動きまわり走り回りたいのだと気がつきました。そこで、マンションの一番広い部屋はリビングルームとして活用するのではなく、自宅体育館として活用することにしました。息子達3人が外で思いっきり遊べない時はその部屋でミニサッカーゲームをして遊んだり、コンビカーで走り回って遊んだり、マットを敷いて相撲や取っ組み合いをして体を動かしています。また、部屋中にプラレールの線路を繋げて電車ごっこをする場所としても活用しています。平日と休日ともに自宅でもたくさん体を動かして遊ぶようにしています。日中にたくさん体を動かして遊んでいると子供達の脳も活性化されて、夜は一瞬で3人とも寝ていきます。

モノを所有する量を日々調整してミニマムに生活する習慣を身につければ、家族の人数が多くても限られた住空間の中で心地良く快適に過ごすことができます。ミニマムに生活することで、我が家の場合は子供達が体を十分に動かすことができるスペースを確保することができました。

皆さんも、機会があればぜひご自宅にあるモノが本当に必要であるのかを見直してみてください。そして、もし不要なモノがあれば、新たな持ち主に譲っていきましょう。モノが少なくなりお部屋がスッキリすると、生活の中での素敵な発見やよい出来事がきっとあるはずです。そして、ものごとの見方も変わり、新たな風が人生に優しく吹きこんでくることでしょう。

トイレと玄関だけは、毎日綺麗に掃除して清潔に

我が家で一番綺麗な場所は、実はトイレと玄関です。家族が多い分、毎日清潔に保つ必要があり小まめに掃除しています。

子育て中のママは経験があるかもしれませんが、1歳〜2歳の子供はママと離れられない時期があり、ママがトイレで用を足す時にも必ず子供が一緒にトイレまでついて来るというケースがあります。子供達がよく入る空間であるため、トイレは一番清潔にするように心掛けています。

玄関も同じです。外から帰宅した後の草や土が玄関に落ちていると、小さい子供がいる場合は、玄関の草や土を素手で触りお口に入れることがあります。玄関も毎日小まめに掃除をしてたくさんモノを置かないようにしています。

トイレと玄関が綺麗であれば、家を出る時も帰宅した時も、いつも変わらず心地良く安心して過ごすことができます。我が家にとっては、この2カ所の空間が常に綺麗で清潔であることが、家族が常に快適に過ごすための大切な条件なのです。

皆さんは、いかがでしょうか？

お部屋の中で特に綺麗にしている場所や、気を使っている空間はありますか？

Part 4

恋愛・結婚・出産・子育て

恋愛・結婚・出産

恋愛

結婚・出産の前に話したいこと、それは恋愛です。

「恋」は、神様が人間として生まれてきた私達に与えてくれたギフトだと思っています。大好きな人との出会いは、魔法がかかったように自分を別の世界に飛ばしてくれます。毎日どこにいても、その人のことが頭から離れなくて、恋しくて。

次に紹介するのは、私が夫との恋愛が始まったころに書いた日記から引用した文章になります。文章のタイトルが〝シャイ・ボーイ〟なのは、当時出会ったばかりの夫の名前を知らなかったからです。今では絶対に書けないような恋にトキメキ・ドキドキしているころの文章です。何度読み返しても恥ずかしい気持ちになりますが、大切な気持ちだよねと夫婦で今も笑って話しています。

〝シャイ・ボーイ〟

お互いに思い合っている男女には、不思議な空気感が存在する。お互いが意識しているため、少しずつ、少しずつ近づいていく感じがある。〝恋の始まり〟〝シャイ・ボーイ〟と連絡先を交換した。スポーツが大好きで素直なシャイ・ボーイは笑顔がとても素敵。私のどこに興味を持ってくれたのか引かれたのか、まったく分からないけど、少しでも思いを抱いてくれたとしたら、それは心から感謝すべきことだと思う。彼は私より4歳下でとても若くてキュートなオーラでいっぱい。ピュアな心がとても素敵だと思った。人を好きになる気持ち、ドキドキする気持ちは人を変える。相手を大切に思うから人は自分以外の人、家族のために頑張れる。彼には、私と同じ空気が流れているのかな？　目と目が合った瞬間、不思議とお互いにドキドキして元気になれる。好きだから会えてハッピーになれる。もっと一緒にいたいと思う。彼は正直でピュア、シャイ・ボーイ。大切に思える。まだお互いのことよく知らないけど、どんな人なのか、どんなことでハッピーになるのか？　相手の幸せを心から願う。相手のことをもっと知りたいと心から思う。素敵な出会いに感謝です。

主人との出会いは本当にご縁です。初めて出会った時にこの人と結婚するだろうな～となんとなく思いました。もうすぐ結婚して10年が経ちます。子供がいない時は恋人同士に戻り、子供が一緒にいる時はお互いにパパとママになります。時々、夫と2人でデートしていつもより高めのランチを食べて2人でゆっくりとお話をする機会を設けるようにしています。人生を豊かにする時間を持つためには、いつまでも恋人同士のような夫婦2人でいることが大切だと日々感じています。体を重ねてスキンシップして色々な話を抱き合いながらすることも本当に大切です。

結婚

私と夫は付き合ってからちょうど1年目の記念日に入籍しました。入籍日の2日前に東京で結婚式をあげました。結婚は2人だけのことではないと実感しています。やはり家族が増えるということは、親族や両親達への影響は非常に大きいと思います。

夫と結婚して一番喜んでいたのは私の母でした。可愛いもう1人の息子ができたと喜んでいました。結婚後、帰省する時は毎回夫の好きなメニューの手料理でもてなしてくれます。夫も私の実家はくつろげると喜んでくれています。

結婚して分かったことがたくさんあります。それは生まれも育ちも違う2人が100%分かり合うことは不可能だということです。大好き同士でも一緒に生活していく中で分かり合えないことがあるということです。それは悪いことではなく、とても自然なことだと感じています。私はこう思うけれど、夫は違う考えだ。人間として違う考えや意見があるということはとても健全だと感じています。夫婦で意見が異なる時、どれだけ話し合っても平行線の場合は、その会話を一旦保留にします。時間をおいて解決することもあれば、解決する前に2人の記憶から忘れ去られていくことも多くあります（笑）。

夫婦って本当に面白い。2人でデートしている時はすぐに恋人同士みたいになれて、お互いに気を遣い合って優しくいられます。それが子供達が一緒にいてお互いにパパとママの役割に変わると、2人は家族という名の会社を運営する協働事業者、もしくは協働パートナーになったかのように家事や育児を分担して毎日を過ごすことになるため、時には忙しさのあまり意見のぶつかり合いも発生します。さっきまでのラブラブモードは一瞬にして消え去ります（笑）。3人の子供達が皆全員同時に話し出すとワイワイ・ガヤガヤと落ち着いて夫と向き合って話すことは不可能になります。子供達が寝た後に夫とゆっくり話そうと毎日思うのですが、結局私も夫も高確率で子供達と一緒に寝落ちしてしまいます。

結婚して子供ができると、お互いの良いところ・悪いところが全てオープンになります。自分の親よりも長くともに生きる人生のパートナー選びは本当に大切だと思っています。私は結婚する相手選びが人生の99％の幸せを決めると感じています。残り1％は、その人とならどんな幸せの形でも創りだせるし、どんなチャレンジをしても困難があっても乗り越えていけると信じています。

夫は私にとっては安心する居場所です。そして息子達にとってはたくさん一緒に遊んでくれる優しいパパなのです。これからも夫と年を重ねていくことが本当に楽しみです。

出産

大好きな人との間に3人の息子達を授かりました。3人とも幸運なことに元気に安産で生まれてきてくれました。毎日変わらず、元気に過ごし健康に成長してくれています。それだけで十分幸運なことだと日々感謝しています。そして今、私は第4子(長女)を妊娠しています。生まれてきてくれるその日まで、どうか元気にお腹の中で大きく成長してくれることを願っています。

長男は大阪にある私の実家近くの病院で生まれました。私が生まれた病院で里帰り出産をしました。最初のお産なので本当に不安しかありませんでした。陣痛も経験したことのない痛みで吐き気もあり本当に子供を産むことの大変さを痛感しました。夫も立ち合っての出産でした。彼にとっても初めての経験で、私が唸り声をあげているのを横で見ておろおろしながら、うちわを自分に向けてパタパタあおいでいました。汗をかいているのはお産でいきんでいる私の方なんですけど(笑)と突っ込みどころ満載でした。生まれた後も、膣周りは痛みと出血で排尿することが恐怖でした。産み終えたのに、お腹はポッコリしたままです。子宮が少しずつ小さく時間をかけて戻っていくことをその時に初めて知り、人間の体の神秘に感動しました。出産後は授乳タイムで2時間おきに起こされて、睡眠不足の中でくたくたになりながら過ごしていました。そんな状況下でも、私に母性が芽生えた証で、どれだけ疲れていても生まれたばかりの赤ちゃんを抱きたくて授乳室の中にいる赤ちゃんが気になって眠れませんでした。まったくおっぱいが出なくても抱いているだけで幸せな気持ちになり涙が出てきました。涙もろくなるのも産後の特徴で、気持ちがハイになって情緒不安定になっていました。産まなければ経験できなかった感情の変化でした。

次男の出産は、夫が生まれた病院で生もうと決めて千葉に帰省して産みました。なかなか陣痛がこなくて10日遅れて生まれてきました。なんと、4116gのビッグベビーでした。この時は産休中も仕事の対応に追われていた時期で、陣痛室でコンピューターに向き合って仕事をしていました。5分きざみの陣痛にも『ま〜こんなもんかな（笑）』と1回目のお産時の不安とはまったく異なる心境でした。産む瞬間はやはり痛すぎてもう今回が産むのは最後だと思いました。何回産んでも痛いものは痛いのです。

三男は、私達家族が住んでいる東京都品川区内の病院で産みました。ちょうどコロナ禍だったので感染予防対策をしたお産環境の中、3回目の出産を経験しました。常に感染リスクと隣り合わせのお産だったので不安でいっぱいでした。病院側も感染予防対策に慎重になりマスクをつけてのお産でした。入院中は面会もできないため、最初から最後まで一人のお産を初めて経験しました。一緒に入院している女性達とも、お互いにコロナ感染リスクがあるので、できるだけ会話を避け、とても静かで孤独を覚えるお産の経験でした。初産の妊婦さんの不安は言葉では表現できないくらいのことだったと思います。

どの出産経験も私にとっては、とても特別な思い出です。第4子（長女）のお産についても、今からドキドキ楽しみにしています。元気に生まれてきてくれることを願うばかりです。

子供を産むこと・産まない選択

私の場合は、昔から大家族をつくりたいという思いがあったので、夫と出会い結婚した後に子供を授かり、産むことを決めました。

現代社会では、結婚していても子供を産まない選択をする夫婦が増えています。子供を持つ・持たないは個人の選択だと思っています。人生の中で最大の大きな選択だと思います。

たとえ子供を持つ選択をしたとしても、なかなか授かることができなくて不妊治療を繰り返しチャレンジしているご夫婦もいらっしゃるかと思います。産む・産まない選択や不妊治療をする・続ける・もしくはやめる選択も各個人の自由ではありますが、どの選択をしたとしても後悔のない結果にするためには、必ず自分の心の声に耳をかたむけて、自分に対して正直に生きることが大切だと思っています。

私の場合は子供を産むという選択をしましたが、それもすべて個人の責任に任されています。

まだまだ日本の社会全体が男性にとっても女性にとっても、安心して複数人の子供を産むことができる環境・支援や対策が整備されているようには思えません。日本の少子化問題に対しても、あまり対策の効果が出ていません。

今、言えることは、各個人の生活に〝余裕〟ができれば、子供をほしいとするご家庭の数も増えるのではないかと思っています。

私の場合は、子供を産むという選択をするために必要な条件がありました。

条件①経済的に不安がないこと

条件② 夫婦間でしっかり話し合える2人の関係性が構築できていること
条件③ 出産後、父親（夫）がしっかりと子育てをサポートできる環境があること

条件①～③のいずれかが一つでも欠けていた場合は、きっと私は産む選択をしなかったでしょう。条件②は夫婦間の問題ですが、条件①、③は社会や企業も巻き込んで、大きな渦の中で改善できればよいと思っています。

新しい時代の中で、これからの子育て

新しい時代の中でこれからの子育ての鍵を握るのは、確実に父親の存在だと思っています。

夫と長男の関わり方を見ていて確信したことがあります。それは子供にとって父親の育児への関わりが多ければ多いほど、子供の心は安定して外への元気なエネルギーの発信に変わっていくということです。日々の生活の中で・会話の中で父親が関わる子育ての重要性を実感しています。

我が家は子育ての中で特に決まったルールはありませんが、次の①～③については、毎日変わらず家族で続けています。

①毎日の食卓で1人1回は自分のことについて話す機会を設ける

我が家の夕食はいつも子供達が主役です。次男→三男→長男の順番で毎日の夕食時に今日の一日の出来事について1人ずつ話す機会を設けています。次男は自分の知っている単語をフル活用して、今日一日あった保育園での出来事を話してくれます。三男は夫が保育園の連絡帳を読み上げてそれに対してニコニコ笑顔で聞いて頷いています。長男は小学校の1時間目の授業〜学童の時間まで一日であった出来事を詳しく話してくれます。たくさん体を動かして運動ができた日はご機嫌で話が止まりません。この時間が私達家族にとって一日の一番大切な時間です。自分の話をしっかりと聞いてもらって育った子供は、自然と人の話も集中してしっかりと聞ける子になると思っています。そして、人の話が聞ける子は自分で考えて行動できる子供に成長すると私達夫婦は信じています。

②寝る前の絵本タイムを楽しむ

欠かさず毎日継続しているのが、寝る前に子供達がそれぞれ自分の好きな絵本を1冊選んで読み聞かせすることです。最近、長男は自分で集中して読書する時もあります。我が家は3人いるので、絵本タイムは30分程度かかります。寝る前にゆったりとした気持ちで、子供達それぞれが好きな絵本の世界を楽しむ時間はとても貴重で大切な時間です。

③早寝早起きで生活リズムをつくる

早寝早起きを継続することは子供の食欲や運動への意欲向上に繋がっていると思います。睡眠時間を十分に取ることで朝は起こさなくても勝手に6時半~7時ころにムクッと起きてきます。自然と朝に目が覚めると、3人とも朝食を食べる意欲が高く結果的に健康状態を保つことができます。

日々の子育てに不安を抱いている方もいらっしゃると思いますが、母親だけではなく、ぜひ父親も積極的に関わる育児が世の中の当たり前となり、子育ての中で感じる責任感、罪悪感、不安感、役割などを母親1人が抱え込んでしまうことがないように願うばかりです。

先ほどの我が家が取り組んでいる①～③については、あくまで参考までにご紹介したことですが、どれも無理なく毎日取り組めることだと思います。何でもよいので、ぜひご夫婦2人で話し合い納得のいくコトを見つけてチャレンジしてみて、もし効果が出ればぜひとも子育ての中で継続して取り入れてみるのもよいかもしれません。

子供の人生は、子供のモノ

皆さんは、無意識に先回りして勝手に子供の人生を決めてはいませんか？

子供の人生は、彼ら一人一人のモノ。

親は自分の希望や期待と思い込みを押しつけてはいけません。心配だからついついお世話を焼いてしまう時もあるかと思いますが、子供達が失敗してもよいから、挫折を経験してもよいから、ぜひ我慢して時間がかかっても子供本人ができるまで待ってあげましょう。

私が今までの子育てで学んだことは、親の本当の役割は子供の話をたくさん聞いてあげて、毎日『大好きよ～、いつも応援しているよ～』と伝えることだと思っています。主役はいつも子供で、親は主役の応援団長でよいのです。

よく他人の子供と我が子を比較してしまう方もいらっしゃると思いますが、それはとてももったいないことです。子供一人一人は皆違っていて、個性として彼／彼女を尊重する必要があります。ありのままのその子を愛して認めてあげることが大切です。

違うことは美しいことだと私は思っています。勉強が好きな子もいれば、運動が好きな子もいる、絵を描くことや手先が器用でモノづくりが好きな子もいます。物静かな子も本が好きで歴史のことをたくさん知っている子もいます。一人一人が好きなことや得意なことが異なり、それは全て個性として素晴らしいのです。

我が家の息子達3人についても性格は異なり、好きなことや興味も違います。成長のスピードもまったく違います。親としては、各自の個性を大切にして好きなことや得意なことを伸ばしてあげるサポートができればと思っています。私達は子供達が助けを求めた時だけ出動します。それ以外はそっとそばで見守ってあげるだけで十分だと思っています。

人生の中で何か一つだけでも好きなことが見つかれば、夢中になれることが見つかれば、子供達は自らの力で幸運を引き寄せることができると信じています。そして、彼らは大人になっても、自分で選択する人生をしっかりと歩むことができると信じています。

失敗は〝恥〟の文化をやめましょう

日本は学業や仕事の環境の中でなかなか失敗事例を積極的に共有し合って、そこからお互いに学び合うという文化が少ないように感じています。もしかしたら、失敗は〝恥〟という考えが日本の社会に根付いているからなのかも知れません。

大人社会でも子供社会でも失敗を隠す傾向にあります。それは、とてももったいないことだと思います。

我が家では失敗は〝恥ではない〟ことを子供に伝えるために、時々家族間で〝失敗会議〟を開くことがあります。今日や今週で何か失敗したことを家族皆でオープンに話し合います。同じ失敗をしないためには、次はどうしたらいいのかな？　と家族で一緒に話し合うようにしています。子供達からも色んな意見が出ます。

我が家の失敗会議の目的は、次の①~③を知るために実行しています。

① 失敗することは恥ずかしいこと、悪いことではないと知る
② 小さな失敗を繰り返すことで、大きな失敗をする前に対策を考えて、それが起こることを軽減できることを知る
③ 失敗しても、その後に改善できることは何かを大人も子供達も一緒に考える機会を持つ。正解は一つではないことを知る

何かで失敗した時に、そこから試行錯誤して工夫して、前向きに立ち直る筋トレをしておく必要があります。子供達が大人になった後も、彼らが日々の生活の中で上手く失敗と付き合えたらいいし、その先に新しい発想や発見があり、彼らなりのイノベーティブな行動に移すことができれば最高だと思っています。

一つの簡単な事例ですが、ある日、私が青信号で前を向いて横断歩道を渡ろうとしていたら、自転車が急に横からきて自転車と私は衝突しそうになりました。とても怖

かったこの経験について家族に話すと、長男から『ママ、赤信号は止まれ。青信号はすぐに渡るのではなく、気をつけて渡る。だから青信号でも急いで渡っちゃいけないよ。一旦止まって、右左を必ず確認してから渡ろうね』と言われました。私は、『その通りだね。これからは十分に気をつけます』と言って、心の中では長男の言葉から彼自身の安全意識の高さを知ることできて嬉しく思いました。

今では青信号でもかなり注意して右左を確認してから渡っています。まさに、小さな失敗（ケガ）から、大きな失敗（交通事故）になることを防ぐための予防対策です。長男君、アドバイスありがとう。

毎日忙しく行動しているとついつい信号を渡る時にあわてて渡りがちですが、まずは意識して気をつけて、改善できることから取り組みます。

家族全員が毎日たくさんの小さな失敗を繰り返しています。失敗しても隠すことはせず改善案を話し合うことを心掛けています。これからも、我が家の〝失敗会議〟は続きます。

夫や子供達とのスキンシップの大切さ

日本人はあまり〝ハグ〟する、抱き合う習慣が日常生活の中でありませんが、我が家では恥ずかしがらず、積極的に子供達の前でも夫とたくさんスキンシップをしてハグして愛情表現を分かりやすく表す機会をつくっています。もちろん子供達へも毎日たくさんハグをして大好きな気持ちを伝えるようにしています。

以前のことですが、我が家では5歳の次男は甘え上手で、2歳の三男はまだまだ赤ちゃんでべったりの時も多く、無意識に長男をハグする機会が少なくなっていました。長男は身長もガタイも少年らしくドンドン大きくなっていくので抱っこするサイズではなくなってきていましたが、ある日、下の2人がお昼寝タイム中に、長男に『久しぶりにママ抱っこしよう！』と伝えると、恥ずかしそうに素直に抱っこされる長男でした。久しぶりにママに抱っこされた彼は本当に嬉しそうで、あれ、もしかして今までママとのスキンシップを我慢していたかもしれないと気付き、とても反省したことを覚えています。8歳でもまだまだ甘えたい時期ですよね。その日から、私は日々の長男とのスキンシップを増やすことを心がけています。さすがに体重が重いのでハグしたり、短時間だけ抱き上げたりしています。長男はあと数年したら思春期の到来で母親とのスキンシップを嫌がる時期がくると思いますが、それまではたくさん〝ハグ〟して心と体で子供達に安心感を伝えていけたらと思っています。

言葉で〝大好き〟、〝愛している〟と伝えたくても、テレくさかったり、日々忙しくて忘れることもあります。だから簡単にできる家族間でのハグやスキンシップは、今後も意識的に日常で取り入れていきたいです。

家族間でも『ありがとう』、『ごめんなさい』を丁寧に伝えること

毎日一緒に生活している家族同士でも、我が家は『ありがとう』、『ごめんなさい』を丁寧に相手に伝えることを心掛けています。年齢が異なる3人の息子達それぞれに対しても、各自に対等に接することを大切にして、『ありがとう』、『ごめんなさい』をきちんと伝えています。

食事の準備やお部屋のお掃除など、パパ、ママのお手伝いを子供達が積極的にやってくれた時は、『ありがとう』と必ず本人の目を見て丁寧に伝えるようにしています。親の私達が上手くできないことがあって、家族の皆に迷惑をかけた時は『ごめんなさい。次は気をつけるね』と子供達に丁寧に伝えます。

『ありがとう』、『ごめんなさい』は、感謝や謝罪の気持ちをシンプルに伝える基本の言葉です。人として当たり前のコミュニケーションを我が家は意識して大切にしています。

子供達の朝のルーティーンで大切なこと

毎日の子供達の朝のルーティーンは決まっています。

↓6時半に自分で起きてくる
↓服を着替える
↓朝食
↓歯磨き
↓TVまたは好きなことをする

↓7時半～8時に登園・登校

6時半ころに息子達はむくむく起きてきて、前の晩に自分で準備しておいた服を自分で着替えて朝食を食べ始めます。我が家の朝の時間で大切にしていることは、各自がやることを自分でやってから好きなことをすることです。毎日の生活習慣を整えることは、子供達の心の安定にも繫がっています。笑顔で『おはよう』、『いただきます』、『行ってらっしゃい』、『行ってきます』を言うことは、気持ち良く朝をスタートするのに大切だと思っています。子供が気分よく登校し、登園すると、私達夫婦も嬉しいですし、その後の仕事もしっかりと集中できるのです。気持ちのよい朝のスタートは、家族皆が元気に一日を過ごすためにも大切な習慣なのです。

皆さんは、どんな朝のルーティーンで毎日を過ごしていますか？

子供達の夕方〜夜のルーティーンで大切なこと

毎日の子供達の夜のルーティーンも決まっています。
↓18時頃に帰宅
↓お風呂&宿題の確認、体の柔軟体操
↓夕食
↓TVまたは好きなことをする
↓歯磨き
↓絵本タイム
↓21時ころに寝る

夜のルーティーンで大切にしていることは、お風呂タイムはサクッと終えて、夕食やオモチャで遊ぶ時間、絵本を読む時間を十分に確保して、その中での家族の会話を楽しむ時間をたくさんもつことです。親も子供達も平日の夕方〜夜にかけては、お疲れモードなのでイライラして兄弟ゲンカが始まる時もありますが、それもまた楽しみながら、夕方〜夜の家族時間を過ごしています。

笑い・遊び心

人の幸せ＝笑いがたくさんある人生だと私は思っています。

だからこそ遊び心のある体験を日常で経験することが大切で、様々な面白くて楽しい経験を積み重ねることで、大人も子供も成長すると思っています。

例えば、ハロウィンです。日本では子供達が中心となってお気に入りの仮装をして街へ出かけることが多いのですが、海外では子供達だけではなく、どちらかというと大人の方が仮装を楽しんでいるケースが多くあります。フランケンシュタインや、ドラキュラ、不思議の国のアリス、アニメのキャラクターなど、大人達も本気で仮装して子供達と一緒にハロウィンのイベントを楽しんでいます。

大人が年齢に関係なく笑いと遊び心を忘れず本気で取り組む姿勢は、子供達にもよい影響を与えると思っています。

Part 5

教　育

〝勉強しなさい〟の言葉がけは不要

親になった自分達自身も経験していますが、自分の親に昔、『勉強しなさい』と言われれば言われるほど、やる気がなくなり、どんどん勉強が面白くなくなり、分からなくなって勉強への抵抗感が増えるばかりでした。

自分がされて嫌だったことは、自分の息子達にはしないようにと注意しておりましたが、いざ自分が親になれば、宿題したのかなとか、勉強したのと聞いてしまいがちですよね（笑）。

我が家では、長男がそこまで勉強嫌いでもないため、基本はそっと見守っています。ひらがな、カタカナ、漢字の練習、もっと綺麗に丁寧に書いて！　とついつい言いたくなる時もありますが、あまり神経質になってうるさく言わないように心掛けています。

字が綺麗に書けることはよいに越したことはありませんが、これからの世の中、タブレット端末や携帯、ＰＣで文字をタイプすることがほとんどなので、あまり神経質になって子供にプレッシャーを与える必要はないと思っています。

好きな教科は頑張らなくてもスイスイこなせて、苦手な教科や面白いと感じない教科については、子供は手を抜き気味です。とても自然なことで、特に問題はないと思っています。一つでも好きな教科があればそれでよいと思います。子供は、親にあれこれ言われて成長はしません。

自分で自主的に動いたことだけに関して本当の力を身に付けていきます。親はそれぞれの子供が持つ能力や才能を信じて、そっと優しく見守り続けてあげましょう。

子供が何かできた時は、事実を褒めるだけでよい

子供が自分の努力で頑張って何か達成した時は、親として頑張ったことに対して褒めるだけでよいと思っています。

褒めた後に次回はもっとこうしたらよい、こんな風にしたらよいと色々アドバイスしがちですが、未来のことを話すのではなく、今できたことに対して、１００％の気持ちで褒めて、シンプルに会話を終わらせた方が子供の心に響くのだと経験から感じています。

親の過度なアドバイスは、子供にとっては『あれ、僕、今すごく頑張ったのに、まだパパやママは喜んでくれないのかな？』と感じることもあるでしょう。親はよかれと思って、もっともっと頑張れる！　と期待することは、子供には重く感じることも

あります。

親は、我が子に対して期待や希望を無意識に押し付けがちですので、このポイントは、意識して気を付ける必要があります。

自分が親にされて嬉しかったことを思い出すと、素直にシンプルにできたことについての事実を褒められた時でした。あるいは具体的に褒められた言葉はなくても、ぎゅっと抱きしめられた時でした。

多くのコメントやアドバイスより、たくさん頑張った後に、大好きなパパとママに抱きしめられた感覚の方が、鮮明に愛されているな、認められているなと実感できて、今も体で覚えている感覚があります。

習い事は、本人のやりたいことだけサポートする

たくさんの習い事を小さい頃からさせることは否定しません。それぞれのご家庭の方針もあるかと思います。ただ、子供達の心の声を親としては見逃さないようにしたいですよね。

我が家の事例では、長男が３歳の時に水泳の体験クラスに参加しました。親心としては、息子の体力向上のために通わせたい気持ちはありましたが、息子のなんとなく乗り気ではない表情とサインを感じて、２回目のクラスの時に、『お水の中で泳いで、パチャパチャするのは嫌かな？』と聞いてみると、行きたくないと教えてくれました。少し考えて、では『続けて行くのはやめましょう！』とすっぱり親としてもやめることを決めたことがありました。本人の意思を無視して長く習い事を続けても、たしなみ程度にはなりますが、本人が幸せでなければ意味がないと思いました。

子供の人生の時間は、子供達のモノです。彼らの声を聞いて彼らの気持ちに寄り添って、可能な範囲で彼らの意向に添って決めていくことが我が家の方針です。その分、子供達も小さい頃から自分で考えて自分で決める習慣が身に付いていきます。

長男は結局、小学1年生まで習い事はゼロでした。小学校に入学してから急にサッカーや、かけっこのクラブに入部したいと本人から希望があり、この1年間は2つの習い事を楽しく頑張って続けています。体を動かすことが大好きで、サッカーではチームプレイを楽しみ、かけっこクラブの習い事では個人で走る速さを高めることに楽しみを見出して続けているようです。私達夫婦は本人から楽しかった習い事の話を聞いて、うんうんと頷いているだけです。

我が家は何か新しいことを始める時は、必ず本人の意思を十分に確認してから決めています。子供達それぞれが持って生まれた才能や得意なことを信じて、本人が好きで希望する部分を伸ばしてやれるように、親としては見守りながら必要に応じてサポートしてあげたいと思っています。

日本の教育に不安がある、これは正直な気持ち

現代の日本の学校教育を受け続けて、自分の将来を前向きに考えることができる子供達を生み出せるのか正直不安です。小学校での基礎学習はとても大切ですが、私は個人的には日本の学校教育のカリキュラムの向上を図る取り組みを実施する必要があると思っています。

例えば、今以上にＩＣＴ（情報通信技術）の取り入れ強化や、ロボット開発・宇宙について学びの機会を提供すること。環境問題について、お金について、ジェンダーについて、性教育について、家庭環境に関わることについてなど学びの強化が必要だと感じています。

それから、子供達も大人もワクワクするようなクリエイティブな授業がたくさん増えてほしいと思っています。教えてくれる人は、学校の先生ばかりではなく、地域の

中であらゆる仕事に関わっている現役で働いている大人の方でもよいのです。子供達はあらゆる仕事の種類を知り、そんな大人達の話を聞くことで、どんな仕事であってもプライドを持って取り組めば自分を高めてくれる。そして社会に貢献することができると、子供達も感じてくれるのではないかと思っています。

例えば、介護士、看護師、保育士、建築家、医師、配達員、会社の経営者、産婦人科医、銀行員、ペットショップ店員、お花屋の店員、YouTuber、俳優、駅長、タクシー運転手、どんな仕事もユニークで大変なことはあるけれど、大人達が好きで続けているその仕事について深く知ることで、自分の未来を予想して、子供達が自分の将来を考えるきっかけになれば素敵な取り組みであると思います。

いずれ多くの分野で国際化が加速していく世の中で、将来の子供達の可能性を最大限に活かすために、我が家は日本の学校にこだわって通わせることは考えておらず、親としては子供達と相談しながら、その子の希望にそった、その子に合った一番の教育環境を提供してあげるサポートができればと思っています。

家族ブックライブラリーを作ろう

我が家は本に関しては図書館を活用して色々なバリエーションの書物を借りてきて、2週間くらいかけて20冊程度の書物や絵本を読んで返却することが日々の習慣になっています。新しい本や絵本を図書館で借りて来た時は、息子達は皆大喜びです。毎晩寝る前の30分の絵本タイムもワクワク感が増します。息子達3人とも自分の気に入った絵本を手に取って集中して読書を楽しんでいます。

図書館にはたくさんお世話になりながらも、やはり手元に置いておきたいお気に入りの本や絵本もたくさんあります。

書物へお金をかけることは一番良い使い方だと思っているので、本当に好きな本に出会えた時は迷わず購入します。

そんな大好きな本や絵本が生活の見える場所にあることは、生きるエネルギーにもなります。狭いスペースであっても、家族ブックライブラリーのコーナーを設けることで、家族のお気に入りの本や絵本が身近に見えて手の届くところにあり、生活の中で読書を楽しむ機会が増えれば喜ばしいことだと思っています。

家庭菜園をしよう

子供達と一緒に楽しく育てることを目的に、我が家ではマンションのベランダを活用して家庭菜園にチャレンジしています。日々、試行錯誤ですが、季節に合った野菜を作り収穫時期になったら食べることを楽しんでいます。子供達とも相談しながら、彼らにお世話係担当の野菜を決めてもらい、皆で水やりをして育てています。

家庭菜園を始めてから子供達との間で新しい話題も増えて、とてもよい刺激になっています。作った野菜が食卓に並ぶと、皆ニコニコ笑顔になります。大切なことは、時間をかけて育てる過程を経験することと、自分でお世話を担当すると決めた野菜は、きちんと水やりをして責任を持って育てることです。

お世話に慣れてくると、子供達が主体で育てています。もし途中で枯れてしまってもよいと思っています。それもまた学びの経験になるからです。これからも、色々な野菜を育てることにチャレンジしていく予定です。

Part 6

世界と日本

世界一周する前に、ぜひ日本一周を

私は18歳の時にカナダに留学して、その時初めて自分が日本各地について何も知らないことに気付き恥ずかしいと感じたことがありました。外国に住むと、自分が自分である前に日本人であることを強く意識するため、改めて自分は地元の大阪以外に日本各地の何を知っていて、どんなことを世界の人達に紹介できるのだろうと考える機会になりました。

そんな経験から社会人になった後、そして自分の家族ができた後も、定期的に日本各地を旅して、各地について学んでいます。ただ、ふらっと旅行するのではなく、出発前に行先の名産や旅先の名所などの訪問先についてリサーチします。

今では、親だけが調べて旅先を決めるのではなく、子供達とも事前に相談して彼らが興味のある日本の各地域に行くようにしています。子供達にとっては、旅先での非日常的な体験を通じて様々な経験ができます。長男は日本地図に訪問済の場所にマーキングをして、全国制覇を目指しています。

家族で今しかできない旅の時間を楽しみたいと思っています。日本を知ることは、必然的に世界を知ることにもなります。世界に出た時、日本を知っているからこそ文化や暮らしの違い、考え方の違いを明確に実感することができると思っています。

私達が大切にしていることは、旅先でたくさん家族写真を撮ることです。旅から帰ってきて写真を見返すと、楽しかった時間を思い出して幸せを2回経験した気分になれるからです。

日本のどのエリアを訪問しても共通に感じることがあります。それは緑が美しいこと、食べ物が美味しいこと、そして人が親切であることです。こんな魅力的な地域がたくさん存在する日本で生まれて私はとても幸運だと思っています。

世界の女性・日本の女性

私がカナダ留学中に、アフガニスタンから難民としてカナダに移住してきたナターシャという40代の女性に出会いました。私が住んでいたルームシェアのうちの一つの部屋に彼女が住んでいて、私は別の部屋で生活していました。

当時、アメリカ同時多発テロ事件があり、彼女はとても自国のアフガニスタンの人達のことを心配していました。アメリカの反撃で自国が危険にさらされていると泣きながら私に話してくれました。当時はアフガニスタンの出身というだけで周りからの差別や、他人の目を気にして生活しなければならない状況で、彼女はあまり外出せず自室に引きこもっていました。

私は当時まだ10代後半で現実的にテロについて受け入れられない心境でした。TV

で見る映像はまるで映画の中にいるようでした。泣いている彼女に当時の私は『きっと大丈夫だよ。元気出して』と言いました。彼女は泣きながら少し冷たい口調で私に言いました。『あなたと私は、違うから……』この一言が、今でもずっと私の心に残っています。何か引っかかる一言でした。

彼女の伝えたい意味を当時の私は必死で理解しようとしました。『あなたと私は、違うから』＝『安全な国、日本から来たあなたには、今のアフガニスタンの置かれている状況は理解できない。母国に自分の家族がいる、彼らの命の安全が心配で毎日十分に眠れない私の気持ちは、あなたには理解できない』と、こんな風に聞こえました。彼女に言われた一言はその後もずっと忘れられなくて、私の心に残っています。

同じ地球に生きる人間として女性として、たまたま生まれた国が先進国か発展途上国かで人生のほとんどの幸せ・不幸せが決まってしまうのか。私はたまたま日本に生まれて安全にのんきに生きてきたことは、実は世界の女性からしたら、特別なことで奇跡に近いことなのかもしれないと気付きました。世界には身の安全を自分で守れない、いつも死と隣り合わせで生きている女性がたくさんいることを知りました。

時代は変わり、以前に比べて世界の女性の地位や人権において改善に向かっている部分も多くあると思います。現在は先進国で生まれること、発展途上国で生まれることが、人生の幸せ・不幸せに直結する世の中ではなくなってきていますが、当時10代後半の私にはあまりにも生々しい世界の不平等な部分や差別を目にして、複雑な気持ちになったことを鮮明に覚えています。

世界の女性、日本の女性、どの国の女性も、皆素晴らしい価値があります。女性の権利について、先人達にならって正しく主張し続けることが大切だと思っています。

真のグローバル人材とは

多くの人が、グローバル人材とは英語ができる人だと思っているかも知れません。もちろん英語が話せる書けることはとても魅力的な能力ではありますが、結局はツールでしかありません。

一番大切なことは専門性を活かして、英語・母国語でのコミュニケーションをストレスなく国内外の人と取り合い、必要な情報を的確に伝達して、問題解決まで導ける人。そして国内外の人と人種に関係なく相手と良い人間関係を構築できる人が真のグローバル人材だと私は思っています。

今まで仕事の中で真のグローバル人材だなと感じる人に何度か会う機会がありました。彼らは人と違う意見であっても勇気を持って、自分がこう思う、こう考える、その理由についても自分の言葉で全て語れる人達でした。そういう人達は同時に、他人の考えについても尊重して聞ける人でした。約60〜70人のプロジェクト関係者がいる会議の場でも、ほとんどの人が否定的な意見を述べていることについて、その人は、「いや、私は自らの専門分野の経験から、このように本件について考えます」と、その理由を述べて他からの理解を得るために似た事例を出して説明したり、根拠となるデータを基に説明したりして周りから賛同を得ていました。

大事なのは専門性であって、語学はそれをサポートしているように感じました。話している内容に確かな価値があれば、片言の英語でも伝わる人には、しっかりと伝わっていました。

英語が話せる書けること以上に、自分の考えをしっかりと持ち、国内外の人達にきちんと自分の言葉で伝えることができる人が、私は真のグローバル人材だと思っています。

Part 7

幸せ・豊かさ・老い

本当の幸せ、豊かさってなんだろう?

今の60代・70代の人達を見ていて思うことがあります。彼らはまだ100歳ではないけれど、人生の2/3を生き抜いて、人生における本当の幸せや豊かさを知っているように思います。

彼らを見ていて私なりに感じた人生の本当の幸せや豊かさを得るためには、いくつか秘訣があると思っています。

・飾らない自分でいること。ありのままの自分を受け入れること
・自分以外の人間に過度に期待しないこと(主人、子供、親族、友人含めて)
・余暇を楽しむための経済力(お金)を持つこと(お金をスポーツジムで体を動かすことに使ってもよいし、趣味の園芸に使ってもよいし、友人と出かけ観光や旅

に使ってもよいし）
・自分の体の限界を知ること
・常に前向きに笑顔でいられる日を意識して増やしていくこと

人生の大先輩の皆様は本当に素直です。孤独で後悔ばかりの60代・70代を過ごすのか、それとも自分で決めた生き方を継続して、自分が納得したことに時間を使い、ハッピーな60代・70代を過ごすのか、それはあなたの意識と日々の行動次第なのです。

昨日は上手くできなくても、今日から自分を幸せにする生き方を始めればよいのです。明日は今日よりもっと納得いく時間の使い方ができ、自分の人生が豊かであると実感できるかもしれません。あなたなら、きっとできるはずです。

人が老いること

人が老いる時、見た目と心はリンクしていると思います。

男女関係なく心がいつもワクワクして色々なことに興味があり、心豊かな時間を過ごしている人は、見た目もあまり老いを感じません。心が前を向いているから、ファッションや服の着こなしにもチャレンジできます。そして見た目に自信があり自分の容姿が好きな人は、もっともっと他人にそれを認めてもらいたくて、社交的に積極的に社会と繋がろうとします。

社会との繋がりが多い人ほど、嬉しいことも悲しいことも、色々な感情をいだく経験ができ、それは若い時だけではなく、60代以降も同様に心への刺激となり、結果的に生き生きしているように見えるのです。人生を楽しんでいることが、その人の表情から見て汲みとれるのです。

趣味を持っている人は、無趣味の人と比べて老いにくい気がします。ガーデニング、将棋、囲碁、料理、刺繍、スポーツ、ボランティア活動、動物との関わり、なんでもよいのです。何か夢中になれること、好きなこと、ワクワクして楽しめること、一人でも人数が集まってする趣味でも、なんでもよいのです。

人が老いる時は、孤独な状態で社会から孤立して他人との関わりが薄く、周りからの刺激が少ない時だと思います。新しい出会いがあれば、人の老い＝心の老いは、ゆるやかになる気がします。

私が一番気にしていることは、心身共に健康を１００年以上継続することです。ハッピーな時間作りを自らが選択することです。心から笑える時間をたくさん持つことです。

新型コロナの流行で、あまり外出できない状況下であっても、今は人に直接会うことなくネットを通じて、喜びや刺激ある瞬間を離れた人達と共感することも可能です。

健康は姿勢からくると思っています。姿勢良く立って歩く。姿勢良く座る。姿勢を良くすることは腹筋を鍛えること。筋力を強化することは見た目の老いが、ゆるやかになることに繋がります。年を重ねると、筋力の重要性を痛感する毎日です。私自身も一人ではなかなか筋力強化できないため、プロに助けてもらい、食事改善、自らにあった運動プログラムを組んでもらい実行していますす。まだ最近始めたばかりですが、継続できるように頑張りたいです。

老いることは、楽しいことです。元気に老いたい。ただ、それだけ。楽しく老いたい。ただ、それだけです。

老い知らず

こんな高齢の女性と出会うと、老い知らずだと感じる時があります。彼女達に共通していることは、

・男が好き
・お金が好き
・不健康な食べ物でも好きであれば、どんどん食べる

この3つが長生きの秘訣であるかは分かりませんが、彼女達は常に前を向いていて表情からも元気がみなぎっているのです。

男が好き

男好きって、すごいなと思います。高齢になって恋をすることは、とてもエネル

ギーがいることです。若い時みたいにドキドキ・ワクワクするのでしょうか？　若い時みたいに相手の気持ちを気にしてアップ・ダウンするのでしょうか？　私にとっては未知の世界なので想像でしか言えませんが、彼女達がキラキラして恋人の話をしているのを聞いていると、中学生や高校生で初恋をした女の子と同じように見えてきます。生きるエネルギーをそこに感じます。

お金が好き

貯蓄の大小問わず、老い知らずの彼女達に共通しているのは、お金に対してとても興味があり、自分の資産や自分のお金をまだまだ自分のために使いたいと考えています。子供や孫に相続させる気はないといったように、まだまだ自分のための余暇を楽しむ目的で気持ち良くお金を使っています。お金をこれから増やそうという気持ちではなく、今手元にある資産を最大限に自分の幸せのために使うことに喜びを感じているようです。これこそ賢い生き方だと思います。

死んだらお金は紙切れ。死ぬ前にお金を楽しく気持ち良く使うことが大切です。家族や友人達と旅行に行っても良いし、自分の趣味のためにお金を使うことも素敵だと思います。

30代後半~40代になったら、自分が高齢者になった時にどんな生活をしたくて、どれくらいの生活レベルで生きていきたいのかを具体的にイメージすることがとても大切です。高齢時期の生活に影響する資産形成はこの時から始まっているのです。もう年金だけでは生活できない時代がきています。国に頼ることなく、親に頼ることなく、自分で自分の老後のための資産づくりが必要です。

不健康な食べ物でも好きであれば、どんどん食べる

不健康な食べ物、例えば炭酸飲料のジュースやお菓子であっても、好きなモノをどんどん我慢せず食べている彼女達は、それと同時に運動し適度に散歩して体を動かしています。我慢して自分にストレスになるくらいなら、少し不健康な食べ物であっても、好きであれば、どんどん食べることで、彼女達は生きる喜びを保っています。もちろん血圧が正常であって、健康の基盤がある彼女達だからこそできることです。

日々の生活の様々な部分で彼女達が気をつけていることが機能しているからこそ（例えば、定期健診を必ず受診して、自分の健康状態をしっかりと把握している）、少し不健康な食べ物であっても、上手く体の中で循環できているのかもしれません。

老い知らずの秘訣は、正直に生きている要素が集まっています。私より倍以上生きている女性達との会話は、日々勉強になることがたくさんあります。長年の生きる上での知恵と工夫に加えて、自分に正直に生きると決めた彼女達の強い意志を、私は常に感じています。

Part 8

未 来

どの時代に生きたとしても、リスクを恐れない選択をする

リスクがない人生はないと思っています。生まれた瞬間から周りはリスクだらけです。私生活や仕事でもリスクは必ず存在します。

年を重ねることが楽しめるようになったのは30代半ばからですが、なぜ楽しめるようになったのかを以前考えたことがありました。それは年を重ねることで今までの経験や知見を活かして、目の前のリスクへの対処が早くなり、今までよりもリスクを恐れない選択ができるようになったからです。

リスクを恐れない選択をする時に私が頼りにしていることがあります。それは、自分の経験からしか得られない〝直観力〟を信じて選択するということです。自らの直観力を信じて、過去にも様々な選択をしてきました。

例えば、結婚相手を決める時。子供を複数授かると決める時。仕事で転職すると決める時。転職先の会社を決める時。賃貸の住居先を決める時などです。

子育ても同じです。1人目は毎日の育児に試行錯誤で空回りの連続でした。大変だし心配だし、いつも不安だなと感じていました。2人、3人目からは、過去の育児経験から親側の私達にも余裕が出てきて、良い意味で手を抜くところは抜いて、育児に向き合うことができました。

色々なリスクについても、経験値を基に先回りしてリスクを回避できるため、不安も軽減されました。段取りもよくなり、育児がかなり楽に感じられました。

ぜひ、皆さんも自らの経験値や直観力を信じて、リスクを恐れない人生の選択をして生きていきましょう。

『いつ、なんどき死んでもえぇ』尊敬する祖母の言葉

私は10年以上前に他界した祖母のことを心から尊敬しています。彼女は90歳まで生きました。祖母は本家の長女として生まれ、子供のころは、家業の農業を手伝うために学校には行けませんでした。自分は学校に行けなくても、自分の下の妹達3人が学校に行けるように彼女は一生懸命に働きました。

私は、祖母とは18歳で海外留学する直前まで同居していました。彼女は本当に働き者で朝から夕方遅くまで自宅近くの畑でお米や野菜・果物づくりのお世話をしていました。

彼女は、『気力』で生きているような女性でした。彼女一人で何もできなくても、とにかく周りの人達を動かすことに長けている女性でした。

祖母が『さあ、明日からブドウ畑のじべつけをするから皆集合してや』と親戚全員に自らが電話をして、あっという間に全員を集めて、翌日早朝から夕方遅くまで皆は畑で祖母の手伝いをしていました。ブドウの箱詰めから、シール貼りまであらゆる作業のプロセスの途中で祖母のチェックが入りました。

ミカンも実家で育てており、ミカン畑に祖母が行く時は必ず数名の男性が手伝いに駆られていました（笑）。祖母の押しがあまりにも強すぎて、そして熱心だったので誘われた人達は皆なぜか〝NO〟と言えなかったと後に聞きました。

彼女はいつも前を、前だけを見て生きている女性でした。

押しが強くても、なぜか村の人達、親戚、友人達は祖母を好んでいつも彼女に会いに来てくれていました。皆が、祖母をいつも応援してくれていました。私は小さい頃から、なんとなく私の祖母は周りが『応援したくなるおばあちゃん』なんだなと感じていました。皆に愛されていた祖母。私も本当に彼女が大好きでした。

そんな彼女の口癖は、『いつ、なんどき死んでもえぇ』＝『私は、いつ死んでも後悔はない』でした。なんで、いつ死んでもえぇなんて悲しいことを言うの？　当時小学生の私は悲しく寂しい気持ちになることもありました。

大人になって、人の親になって、なんとなく祖母の当時の言葉の意味が分かり始めました。『いつ、なんどき死んでもえぇ』と祖母が毎日思えたのは、彼女自身が毎日の自分の人生を精一杯生き抜いていたからこそ、後悔のない自分の人生に満足していたのではないかと思います。

自分で決めたことを大小問わず毎日成し遂げてきた祖母だからこそ言えた言葉だと今では私も理解できるようになりました。彼女は体が動かなくなる直前まで畑仕事をして働いていました。私は今でも心から祖母を尊敬しています。彼女のように、私も後悔なく満足した人生を生き抜くことができるのかまだ分からないけれど、それは、これからの自分の生き方の選択・毎日の行動次第だと思っています。

100年時代の人生。自分で決める生き方とは

コロナ禍を経験して実感したことがあります。それは自分達の生活は自分で守る必要があるということです。

国にも親にも、親戚にも友人にも本当に頼れる保証はないのです。

私が守りたいと思う対象は、次の6つになります。

・家族
・両親
・仕事や収入の確保
・健康

・教育環境
・安全な生活環境

何が正しい情報で、何を信じて生きるのか、自分達の日々の決断・行動次第で、今後の人生が大きく左右されることを実感しました。

100年人生のこの時代、もし長生きできたとしたら、今回のコロナ禍の経験を活かして、自分の物事を決める価値観を信じて生き続けることです。

他人は他人。自分は自分と我が道を信じて生きるしかないのです。

小学校、中学校、高校で学んでこなかったことだけれど、答えは一つではないのです。究極は誰にも頼れないのです。

私が日々意識していることは『どうしたら、生きている間に幸せな時間がたくさん過ごせるのか？』今日は皆、健康で元気だけど、明日はそうではなくなるかもしれません。何をすることが今と未来の自分・家族を幸せにするのか。ない知恵を振り絞って毎日考えて生きています。自分で決める生き方とは何となく生き、時間だけが過ぎて行く人生ではなく、今の時間の使い方の選択を決して後悔することのない生き方を続けることです。明日死んでも、最後には後悔のない人生だと思えることです。

私はまだ39年しか生きていないけれど、明日何かで死にたくはないけれど、もし何かあっても後悔のない人生だったと思える毎日を生き続けたいと思っています。

大好きな両親から長女として生まれて、18歳の時に一人でどうしても行きたかったカナダ長期留学を経験して、20代前半から東京で働き始めて、20代後半で今の主人に恋をして結婚し、30代で愛する3人の息子達を授かり、40代を前に、『あ〜、幸せな人生や〜』と実感できる今。

こんな今、私の心にあるのは、大切な人達への感謝の気持ちです。自分を産んでくれた両親への感謝の気持ち。愛する主人への感謝の気持ち。愛する子供達への感謝の気持ち。大切な友人達への感謝の気持ちです。

仕事が大好きな私が最近本当に幸せを感じている瞬間は、やはり家族・友人達との楽しい時間や自分の好きなことをする一人時間です。

１００年時代の人生。

後悔のない人生を過ごすために、自分の幸せの価値観を知り自分で決める生き方を実践することが大切です。

私の場合は人生の幸せの基準は、①大好きな人達に囲まれて、②好きなことをして自由に時間を過ごし、③お金にも不自由なく、④心身共に健康で生活すること。

１００年時代の人生。

人それぞれなので、強制的に100歳まで生きなさいとは誰も言えませんが、私の場合は117歳まで生きたいと、39歳の時に自分で決めました。決めたからといってできる保証はありませんが、私の人生の年表は117歳まですでに線が引かれていて、117歳の時の自分の夢が書かれています。117歳まで生きるためには、健康とストレスをためない人生を選択していきたいと思っています。

もちろん、117歳までに医療のお世話になることも頻繁にあると思いますが、できるだけストレス管理、運動管理、食事管理、安全管理をして長生きしたいと思っています。良く話し、良く笑うことをやめないことが、私にとってはストレスフリーな生活を過ごせます。

なぜ、長生きしたいの？

長生きして、どうするの？

という質問には即答できます。

・２０９９～２１００年の世界を見たい
・愛する家族の人生を遠くからでも、感じていたい
・もし孫がいたら、ひ孫がいたら会ってみたい
・この世に生を授かった一人の人間として、自分の人生を全うして生き抜きたい

有名になりたいとか、お金持ちになりたいとか、永遠の美を手に入れたいとか、そういった端的な目的は何の意味も持たない。

何のために生まれて何をして生きるのか？

人それぞれの価値観で異なりますが、私の場合は10代～20代を第一の人生として教育・勉強に集中する。30代・40代・50代・60代～を第二の人生として自分の家族作り、仕事、健康体力維持に集中する。70代・80代・90代～を第三の人生として自分

のやりたい新たなこと（仕事・趣味）にチャレンジして健康体力維持に集中する。１００代を第四の人生として生きている毎日を楽しむ。この時にもし大好きな主人が先に亡くなっていたら、もう一度誰かと大恋愛してみるのもよいかもしれないと思っています。１００年の恋ではなく、１００歳のおばあちゃんの恋。年下のイケてるおじいちゃんとの恋かな？　それとも、１１８歳の年上のおじいちゃんとの恋かな？　手をつないで一緒に公園をお散歩できるかな？　明日お互いに死ぬかもしれない年齢の相手を好きになったらどんな感じかな？

きっと、もっと長生きして、生きたいと思えるはず！

117歳のお誕生日

２０９９年の今日、私は１１７歳のお誕生日を迎えました。
主人は２年前に他界しました。

誕生日は、最愛の子供達家族が一緒にお祝いしてくれました。『おばあちゃん、お誕生日おめでとう！』私にはひ孫が10人います。皆、個性的で元気いっぱいのひ孫達です。とても可愛い。誕生会では私のお誕生日をお祝いしながら、息子家族たちは、来年の２１００年（22世紀）に開催予定の第3回目の東京オリンピックの話題で盛り上がっています。第2回目は、２０２０年に（新型）コロナが流行したことで、２０２１年の夏に開催されました。今回は問題なく無事に開催できるだろうか？　私は人生で2回目の東京オリンピックを経験します。もし来年２１００年も、まだ生きていたら（笑）！

２０９９年の今、私は介護ロボットの〝ようこさん〟と一緒に東京と大阪の2拠点の自宅を行き来しながら生活しています。時代は変わり、医学も医療も発展し、人が長く生きられるようになってからは、介護や老人のケアは、日本人介護士でも、外国人介護士でもなく、介護ロボットが近年は人気で活躍しています。コストも安く、ITを活用して、食事管理・健康管理もしっかり行ってくれます。私の健康状態を担当の医師や、親族の家族に毎日SNSを活用して情報発信してくれます。なので、何かあった時は、その前に担当医師や、海外と地方でそれぞれ暮らしている子供達家族に自動的に私の健康状態が通知される仕組みになっています。介護ロボットの〝ようこさん〟は、私の食事の世話から、入浴の世話、着替えなども手伝ってくれます。一週間に2回の楽しみである体力作りのために通っているスポーツジムへの送迎も、〝ようこさん〟が助けてくれます。ロボットだから、人間の些細な気持ちは理解してくれませんが、会話はできるので一緒にいて寂しいと感じたことはありません。でもやっぱり寂しくなった時は、ロボットの体部分に取り付けてある、モニターに担当医師や家族・友人達を映し出して、ネットに繋ぎ彼らとの会話をサポートしてくれます。若い時はロボットに介護や日常の世話をしてもらうとは思っていなかったので本当に驚きです。ＩＴやロボットの発展によって、介護のあり方が大きく変わりました。

１１７歳の誕生日を迎えた私の毎日の楽しみは子供達への絵本作り。昔は本を趣味で書いていたけれど、さすがに何百ページを書くエネルギーはなくなり、１００歳を超えたくらいから、水彩画を中心に子供達への絵本作りを楽しみに生きています。物語のストーリーを考えることも楽しいし、絵を描くのも楽しい。

最近、友人達は興味津々に宇宙旅行を予約して、数週間の宇宙での生活を楽しんでいます。時代は変わり、宇宙と地球との距離もかなり近くなりました。１１７歳まで生きてきたけれど、私はまだ一度も宇宙旅行に行けていません。宇宙から見た綺麗な地球をいつか見てみたい。１１７歳の私の夢です。

最近、17歳のひ孫が、私に〝初恋〟の相談をしてきました。彼女とは１００歳の年の差がある私ですが、彼女が悩んでいる気持ちは良く分かるし、ドキドキする気持ちも、なつかしいなと感じながら、とても共感できます。
主人が亡くなって2年が経ちます。死ぬまでにまた新しい〝恋〟ができるのかな？
117歳になっても、恋はやっぱり特別なことです。

2100年（22世紀）の今日

国民的人気の猫型ロボットが生まれた22世紀。私が118歳まで生きることができたら、幼い頃から大好きだった彼のようなロボットに会えるかもしれない。

自分のひ孫達は、彼のようなお友達ロボットと一緒に住んでいるのかな？

時空を超えた夢のようなポケットからたくさんの道具を出してもらい、素敵な冒険に出かけているのかな？

夢は無限大に広がる。

・「人生１００年時代」と言われる現代、皆さんは１００歳以上まで生きたいと思いますか？
・もしも、あなたが１００歳以上生きることができたら、どんな人生を描きますか？

私は何歳まで生きることができたとしても、自分らしい生き方の選択をし続けたいと思っています。

おわりに

人の人生は、木に似ています。

大阪の実家には約100年以上そこに立っている大木があります。雨、台風、嵐にも負けずに今も力強くそこに立っています。毎年実家に帰省した時にその木を眺めると、人と木の人生は似ているなと実感します。

芽が出て＝0歳
どんどん木が伸びて成長して＝1歳～15歳
木の枝を出して＝15歳～20歳
花のツボミができて、少しずつ花を咲かせていく＝20歳～30歳どんどん見た目や形を変えながらも生き続けています。

たくさんの枝が分かれている中に多色の花を実らせ咲かせていくことは、人が自分の人生を築き上げていく過程と似ています。

花は人の人生の選択の集まりです。一つ一つの花が人生で何を選択したかの証です。自分で決めて選んだ道が、それぞれの花の色や存在感、雰囲気を作り出します。

風や嵐が来ても、倒れない強い木でいるために、たくさんの栄養を摂って元気に生きていく必要があります。

愛情を注いでお世話しないと元気がなくなるところも人と木は似ています。自分が元気でないと、隣の木＝人にも悪影響を与えてしまうことも似ています。

自らの人生の花の色付けをして、自分にしか咲かすことができない花を咲かせるのです。「人生100年時代」と言われる現代、生きることは死に向かうことでもありますが、一日一日を大切に自分らしい生き方の選択をして生きていきたいですね。皆さんはどんな色の花を咲かせたいですか？

第4子（長女）を妊娠中に、息子達3人の子育てをしながら、幸せな気持ちで自分の楽しみの時間として本書を書き上げました。趣味から始まり、毎日少しずつ書き溜めた内容です。書くことで心がリラックスし癒されていました。書くことは、自分へのご褒美の時間でした。

この本を手に取り、最後まで読んで下さり、ありがとうございました。
この本が読者の皆様の人生において、少しでもお役に立てることがあれば、本当に嬉しい限りです。

渡邊久美子

〈著者紹介〉
渡邊久美子（わたなべ くみこ）

大阪生まれ

4児の母（長男8歳、次男5歳、三男2歳、長女0歳）

高卒後カナダに留学。帰国後は国内・海外の五つ星ホテル立ち上げプロジェクトに関わり、後に数社の外資系プロジェクトマネジメント会社および米国系IR事業会社に勤務。2022年 LYOL Inc. を設立。現在は社長業をしながら子育て、家事、執筆活動や絵本制作を行う。

39歳の時に、117歳まで生きることを決意して本書を執筆。「人生100年時代」と言われる現代、自分らしい生き方の選択をするために有効的な時間の使い方、キャリア計画、家族計画、個人資産管理など個々のライフプランのニーズに合わせてライフ・ワークコンサルタントとしてアドバイスやコンサル活動を実施。

もしも、117歳《さい》まで生《い》きることができたら
— 自分《じぶん》らしい生《い》き方《かた》の選択《せんたく》 —
Live Your Own Life

2023年1月30日　第1刷発行

著　者　　渡邊久美子
発行人　　久保田貴幸

発行元　　株式会社 幻冬舎メディアコンサルティング
〒151-0051　東京都渋谷区千駄ヶ谷4-9-7
電話　03-5411-6440（編集）

発売元　　株式会社 幻冬舎
〒151-0051　東京都渋谷区千駄ヶ谷4-9-7
電話　03-5411-6222（営業）

印刷・製本　中央精版印刷株式会社
装　丁　　喜納そら

検印廃止

Printed in Japan
ISBN 978-4-344-94079-6 C0095
幻冬舎メディアコンサルティングＨＰ
https://www.gentosha-mc.com/